U0030468

吸引力漩渦

人際關係的吸引力法則

THE VORTEX

Where the Law of Attraction
Assembles All Cooperative Relationships

Esther and Jerry Hicks

伊絲特・希克斯 & 傑瑞・希克斯——著　嚴麗娟——譯

當你站在強大的吸引力漩渦中……

- 你會開始相信思維的力量。
- 你會開始相信宇宙的美好。
- 你會開始相信存在的價值。
- 你會開始相信本來面目的力量。
- 你會開始相信互相效力的吸引力法則。
- 你會開始相信世界上所有事情都是可能的。
- 你會開始相信你就是自我實相的創造者。
- 你會開始相信你可以把注意力放在你的感受上，如此便能控制思維。
- 你會開始相信你什麼都做得到、什麼都達得到、什麼都能擁有。

專文推薦

最精彩的幸福智慧訊息

周介偉

這是來自亞伯拉罕存有最精彩的幸福智慧訊息，以吸引力法則精闢地逐項細談愛情、性、感情與人際關係等這些最扣人心弦，讓人愛之欲生、惡之欲死的情感問題。這是我們每個人每天都會遇到的現實問題，而此書以吸引力法則爲本，深入淺出地應用宇宙心靈法則於日常生活中，並提供簡單有效而靈性的解決心法，眞是全民心靈運動的推薦必讀書目。

閱讀亞伯拉罕的訊息，屢屢讓我感動的，是訊息中對人類必定能圓滿光明美好所抱持的信心；祂就像個智慧的長者，溫柔而堅定地握著你的手，直視著你的雙眼說：「你本來就是這麼美好且有力量！」

在我個人的心靈勵志演講中，我總愛用此書亞伯拉罕的訊息作爲結語：

請絕對地 feel good，絕對地光明，絕對地樂觀，絕對地相信美好圓滿是你應得與值得的。不要抱怨、不要等待、不要遲疑，當下就相信，當下就開心地活出來，宇宙的法則與奇蹟是：美好的生活就會這麼立即被你吸引而來……

原來幸福不是追來的，而是當你的心境與狀態（振動頻率）準備好（眞心喜悅）時，幸福就會鋪天蓋地湧向你！原來，改善外在世界的動盪與混亂的最大力量不在他處，而是在你的內心世界！安頓了你的心思情緒，就安頓了世界；你微笑了，這個世界也跟著笑了！

在此深深感謝亞伯拉罕存有與希克斯夫婦為此時的人類帶來如此美好光明的智慧訊息，也要深深祝福所有此書的讀者，讓我們成爲地球的喜悅共同創造者。這個世界會因我們的幸福而變成光明的樂土。我是這麼深深相信的。

本文作者爲「光中心」（http://LightCenter.tw）創辦人，全民心靈運動分享者

目錄
The Vortex

第一部 吸引力漩渦與吸引力法則：學習如何吸引充滿喜悅的共同創造者

目錄
The Vortex

第二部

尋找伴侶與吸引力法則：找到完美的對象，成為完美的對象，吸引完美的對象

第三部

慾望與吸引力法則：

性、慾望及他人觀感

目錄

The Vortex

第五部

自重自愛與吸引力法則：

讚賞是進入能量渦的「神奇」之鑰

目錄 The Vortex

第六部　亞伯拉罕現場文字紀錄：吸引力法則工作坊

前·言

我們即將深入關係這個主題，所採取的角度或許跟你之前想過的完全不一樣。「渴望安全感的女孩遇上熱愛自由的男孩，他們陷入愛河，他們住在一起，他們工作賺錢討生活，他們生了小孩（在大多數情況下），他們繼續『整天』工作、『找時間』休閒，他們通常會想辦法訓練孩子符合主流的社會文化，言行信念都要『政治正確』……假如他們活得夠久，從職場退休下來，順利的話可以終日享樂，然後呢？」當然，本書所包含的各種關係遠不只如此，我們要告訴你的訊息更廣泛也更深刻。

儘管書中提及的問題和解答一定能夠引領你從更實用的觀點了解上述這種典型的家庭關係，但我們的目標是要讓你更清楚察覺到廣大的人際網絡有多麼深、多麼寬闊，時時影響著你自然的幸福的能量渦。

這些訊息來自亞伯拉罕，我們的亞伯拉罕不是聖經人物，也不是美國總統，其中心思想是個非常深遠的概念：**生命的基礎是自由，生命的結果是擴展，生命的目的是喜悅。**

累積種種生活經驗的你，在玩味書中的文字時，會覺得這些訊息的意義無比清晰，於探索書中概念的同時，你可以更自在地創造出美好的關係。簡單地說：不論是你目前的關係，或者是你想要的關係，亞伯拉罕的訊息都能爲你帶來指引，增汝所欲，去汝所憎。

我們預計推出四本吸引力法則的系列書籍，這是第三本。第一本書《這才是吸引力法則》（*The Law of Attraction: The Basics of the Teachings of Abraham*®）於二〇〇六年首次發行，很快就成爲我們再度登上紐約時報暢銷書榜的作品。＊二〇〇八年出版的《財富的吸引力法則》（*Money, and the Law of Attraction*）是這個系列的第二本書；將於二〇一一年出版的《靈性與吸引力法則》（*Spirituality, and the Law of Attraction*，編按：未出版）則是此系列的完結篇。

吸引力法則第一本書的素材，原本收錄於一九八八年推出的兩套專題錄音帶裡，距今已有二十多年。最初的二十捲錄音帶從實際的角度出發，概述宇宙吸引力法則與聽眾的財務、事業、身體狀況、人際關係等二十個實用主題之間的關連，數以百計的問題和亞伯拉罕的解答，教導人們學會更進一步增進自然的幸福狀態。這些最早的錄音內容詳細介紹了亞伯拉罕的訊息，而且是免費的，如果你有興趣的話，可以到我們的網站www.abraham-hicks.com 下載七十分鐘的免費錄音檔，或者向我們位於美國德州聖安東尼奧的商務中心索取光碟。

二〇〇五年，在一場吸引力法則講座中，我們碰到來自澳洲的電視台製作人朗達（Rhonda Byrne）。她希望我們能夠同意讓她根據亞伯拉罕的訊息製作一系列節目，於澳洲各地播放。後來我們簽了合約，朗達帶著她的工作人員登上二〇〇五年的阿拉斯加吸引力法則郵輪，錄製了約十四個小時的講座內容。因此，一九八八年吸引力法則專輯中的基本宗旨，於二〇〇六年被製作成光碟影片，這個影片喧騰一時，後來朗達據此內容寫成《祕密》（*The Secret*）一書也大爲暢銷。

伊絲特跟我只出現在《祕密》的第一版裡，改版後就看不到我們了，而隨著初版的風行，加上「擴充」後的版本反應也不錯，產生了一股強大的推動力量，將亞伯拉罕訊息中的吸引力法則散播至全世界。我們很感激朗達實現了她的夢想，讓全世界的人都能認識到亞伯拉罕的吸引力法則——她把信念灌輸到數百萬讀者的心中，使他們相信自己

＊二〇〇四年出版的《有求必應：22個吸引力法則》（*Ask and It Is Given*）是我們在 Amazon 網路書店上的第一本暢銷書，接下來我們陸續出版了四本亞伯拉罕的書籍（皆由 Hay House 出版社出版），很快就登上紐約時報的暢銷排行：二〇〇五年的《專注意念的神奇力量》（*The Amazing Power of Deliberate Intent*）；二〇〇六年的《這才是吸引力法則》；二〇〇七年《情緒的驚人力量》（*The Astonishing Power of Emotions*）；二〇〇八年八月，《財富的吸引力法則》成為第一本奪下紐約時報排行榜冠軍的亞伯拉罕書籍。

有能力獲得更好的生活，同時她也喚起了百萬讀者心中的要求（ask）……所以，他們正在提出要求。（亞伯拉罕教導我們，「要求」是創造過程的第一步。）每個要求都會得到回應（give）……接下來他們要學習的，則是隨順（allow）自己去接受所得到的回應。

如果在看到這本書的時候，你覺得自己的生活已經算不錯了，那麼善用書中的資料，憑藉專注的意念，你的生活就能夠繼續提升，讓你感覺更加美好。然而，如果現在你覺得不怎麼好過，甚至跌到了谷底，你在這裡學到的觀點將有助於你的生活逐漸獲得改善……或者，你也許可以像少數人一樣，透過書中的觀點轉換思維，脫離長久以來的無力感，享受全新的喜悅感受，回復自然的幸福狀態。一旦到達那種狀態，你會覺得自己宛若磁鐵，把和自己振動相符的所有事物和所有關係都吸向自己。

我說過，如果我可以從書裡、演說中或某個人身上，得到能夠付諸實踐的實用想法，那麼我所付出的時間和金錢就值得了，因爲一個新的想法可以重新引領我的思緒，改變我的生活方向。舉個例子說，時光回到一九七〇年，我有一位從事神職的朋友名叫凱斯特洛，他跟我說：「傑瑞，你絕對無法達到你想要追求的那種成功。」

我問他：「爲什麼？」

凱斯特洛回答說：「因爲你批評成功的人。」

我說：「嗯，那是因爲他們說謊，騙取不屬於自己的東西。」

凱斯特洛對我說：「你可以批評他們說謊、詐騙、竊取的行爲，而不是指責他們之所以能夠成功是因爲說謊、詐騙、竊取。看不起成功，你就無法成功！」

一語中的！這只是一個想法，一個不一樣的觀點，但從那時起，我就身體力行，接下來一波又一波大多數人會稱之爲「巧合」的事件不斷出現在我身邊，我想要的、想做的或想擁有的，所有一切都在喜悅中達成了……我們希望藉由這本書，你也能夠得到新的想法，啓發新的思維，把你想要的、想做的或想擁有的，全部吸引過來。

本書的主題是人際關係，亞伯拉罕*從更廣闊的角度觀察，揭露各種關係中形形色色的錯誤前提，而這些前提正是大多數人生活的準則。當你面對這些錯誤的前提時（錯誤是相對於自然的宇宙法則），如果你將亞伯拉罕的看法置於你個人的生活體驗之上，如果你明白生活仍有更好的可能，你就有機會改變生活——從此刻的安好，提升到一個更美好的境界。

這裡有幾個錯誤前提的例子，這些錯誤前提伴我多年。你會看見這些錯誤的信念讓我多麼不快樂，更重要的是，你也會發現，單單只是改變想法，我的生活就立刻產生極

---

*亞伯拉罕是一組意識的集合。

大的轉變：

我母親天生反骨。我也好不到哪裡去，從小就是牛脾氣，不愛守規矩。三十多年來，我媽一直想把我這個兒子變成她心目中的模樣，甚至採用十分暴力的方式。我們母子倆每次見面就吵架，我會把話說得又衝又硬，希望她按照我想要的方式來對待我。每每在公開場合，我媽的特立獨行總是讓我覺得有點丟臉，但不知爲何也有點驕傲。

有三十多年的時間，我們每次見面都搞得不歡而散！但自從我父親去世以後，我採取了一個新的前提，那只是一個出現在我腦海中的想法。我們兩個人吵了這麼多年，是因爲我們都以爲：「只要我夠努力，就可以讓一個『天生反骨的人』聽話。」結果有用嗎？所以我採納了新的前提：「既然我控制不了媽媽，而她也控制不了我，何不我就開心地做自己，繼續當個無法控制的兒子，也讓我媽做她自己……還有，既然別人覺得我媽很有趣（而不是反感），不如我就從她的與眾不同中去發掘更多趣事……」從此以後，我們過著愉快的生活！

經歷了三十多年的責罵、處罰、爭吵……我決定轉向新的前提（我並未要求我媽也做改變），而接下來的四十年裡，我們再也沒對彼此說過一句氣話！如果不是親身經歷過，我大概不會相信這種事有可能發生，但它眞的發生了。

我要用另一個親身經驗，結束這篇前言。年輕的時候，我聽到關於「富有」的說法是：安於貧苦的人才能穿過針眼，如果我們往上爬，脫離貧窮，就會開始發胖，結果就沒有辦法穿越針眼。大概就是這類的話，就是那些我們在教堂裡聽到的故事。另一個很多人相信的說法是：「有錢人之所以有錢，是因爲他們從窮人身上把錢拿走（或不讓窮人拿到錢）。」按照這個說法，假如一個有錢人買了一輛豪華轎車，開二手破車的窮人所擁有的金錢或享受就變少了。根據這個錯誤的前提，我買部好車犒賞自己會害別人變窮，這麼做怎麼能心安呢？

然後不知怎的，我腦海中出現了永不枯竭的宇宙這個想法，一個很簡單的念頭，一經採用和適應後，大大改變了我的一生，以及那些受我的例子所影響的人們。我重新採取的看法是：「如果我買了豪華轎車，我就創造了很多工作機會，用奢華的方式重新分配財富。換句話說，當我買了一輛很貴的車子，負責製造車子的許多人會因而得到工作，也能賺到錢。他們之中有些人很有錢，有些人正在努力變有錢，有些人不想變成有錢人，還有一些人相信擁有財富會阻礙他們穿過針眼。但他們每個人都可以選擇用某種方式讓自己更快樂。不論如何，因爲我買了那輛車，他們每個人或多或少都受益，比方說：賣車的業務員、經銷商、汽車裝修商、配貨商、批發商、製造商、股東、（或許也包括）組裝工人、數千個零件的發明家、設計方向盤和輪圈蓋及音響系統的人……鐵礦工、玻璃和塑膠製造商……烤漆和輪胎的製造商、送貨卡車的駕駛、送貨卡車的製造商。」（哎呀！再數下去就數不完了。）

我相信你懂我要說的是什麼。一旦接受了「萬物皆為人效力」的前提，我就打開了財務健康之門。自從採用這個想法之後，我買了好幾輛豪華轎車，確定我把幸福送給願意張開雙臂迎接的人。

撰寫這篇前言的時候，我跟伊絲特兩個人正在我們造價兩百萬美金的巡迴巴士上，我坐在前面的接待處，她坐在後面的辦公桌。我常提醒自己，這輛巴士除了帶給我們某種程度的愉悅感受，數千名曾參與製造車子過程的人也從中得到快樂並賺得金錢。

不論如何，我想用這些個人經驗讓你知道，只要採取一個好的想法，就能得到深遠的力量；只要認清一個錯誤的前提，改變它，就能產生無比的價值。

這本書裡頭有很多不錯的想法可以移植到你的生活經驗裡。書中也指出很多錯誤的前提，如果其中任何一個前提長久以來一直左右你的生活，現在你可以放開它，用對你更有益處的想法來取代它。

能與讀者和亞伯拉罕攜手踏上這趟共同創造的冒險之旅，伊絲特與我深感歡欣，我們也期待這些訊息帶來的進展和觀點能讓你享受喜悅。

我愛大家，傑瑞

Your Vortex, and the Law of Attraction

第一部

吸引力漩渦與吸引力法則

學習如何吸引
充滿喜悅的共同創造者

吸引充滿喜悅的共同創造者

人生應該要覺得快樂。

在誕生前，你就知道對於個人和集體的擴展及喜悅，有形體驗所能提供的最大價值，主要來自你和其他人共享的關係。你已經計畫好要品味形形色色的關係，從中選擇創造生命的要素——所以你才會在這裡。

在誕生前，你決定將自己投入宇宙前緣的時空實相中，強烈的意念要你去享受過程中的每一刻。然後你明白了，從無形的角度來看，你是創造者，你要進入的環境充滿無限可能，能夠讓你從創造中得到喜悅和滿足的經驗。你明白你就是創造者，地球上的體驗提供完美的舞台，你可以創造出無數令人滿足的事物——所以你才會在這裡。

在誕生進入有形的身體以前，你知道一旦來到地球上，周圍會有很多人，你和這些人的關係就是生活對比的主要來源。你也明白，這些對比的關係是個人擴展的重要基礎，而你對宇宙永恆擴展的良多貢獻，同樣奠定在這樣的基礎上，所以你張開雙臂熱烈期待和他人的互動——所以你才會在這裡。

在你來到地球的計畫中，不包括經歷困苦或掙扎。你不會相信你的誕生是爲了修正過去的錯誤，也不是爲了補綴破碎的世界，更不是爲了演化（就此意義而言，表示你目前有所不足）。相反的，你知道這種有形體驗的環境會讓對比取得平衡，個人會做出愈來愈好的選擇，如此一來不僅增加個人的擴展，也會提升「一切萬有」（All-That-Is）的集體擴展。你知道這個對比的世界為你帶來的擴展，能讓永恆及至永無止境；你讚賞這個地球上的對比環境，因為你明白對比是擴展的基礎，而擴展是令人喜悅的——所以你才會在這裡。

在誕生前，你已經明白多樣化和差異性的價值，因為你了解每個新的選擇、願望或想法都來自這樣的對比。你也知道對比除了提供擴展實在的基礎，也是喜悅經驗的根基。最重要的是，你知道存在的一切種種，終極原因就是為了喜悅的經驗。你知道有了存在，你才能在一生中感受到不斷湧現的歡喜時刻——所以你才會在這裡。

在誕生前，你已經明白你會從對比的多樣化中做出選擇。你知道周圍的環境如同饗宴般在眼前展開，而你要從中選擇，沒有任何事物是永遠不變的，因為你不斷做出新的決定，使它不斷改變——所以你才會在這裡。

在誕生前，你已經了解要先專注意念，才能做出決定。你知道你要把意識傾注於有形的身體和有形的時空實相中；你憑藉意念或思想，從周圍各種對比中做出選擇——所以你才會在這裡。

在誕生前，你已經了解地球的環境跟一切有形和無形的環境一樣，都根據「振動」

（Vibration）來運作，並受制於吸引力法則（即同頻共振，同質相吸）；你知道關注某樣東西，就表示你邀請自己投入其中——所以你才會在這裡。

在誕生前，思索地球上的有形體驗時，你不求誕生於一個單調且毫無二致的環境中，在那裡各種變化都經過仔細衡量，關於生活應該如何也早已被決定。由於你是充滿力量的創造者，你來到地球上是爲了做出個人的決定和創造自己的喜悅經驗。你知道差異性會是你最好的朋友，而相似性，不論程度高低，則是你的敵人。你奮不顧身地投入，亟欲找到方向，開始探索周遭對比的人事物，從個人的、重要的且有力的觀點去探索，你將開闢出自己的天地——所以你才會在這裡。

很多人不記得這些出生之前的決定，他們爲此憂心忡忡並感到挫折，有時候還會生氣憤怒，但我們認爲你進入有形的身體之後，有些更重要的東西依然完好無缺：你生來即有個人的引導系統（Guidance System），一路上幫助你明白自己是否偏離了出生前對生命的了解，以及你是否仍走在正確的道路上。

我們希望你能意識到自己的引導系統，以便使探索創造的新領域與無形的知識調和一致。

我們希望能幫助你找回你本來的面目（who-you-really-are），並且以奠基於宇宙吸引力法則的前提，來取代你這一路上採拾的許多錯誤前提。

我們希望幫助你解開惱人關係的謎團，明白如何跟數十億人口共存在地球上，重新發現差異性的美好，最重要的是，重建你和永恆存在、無形本源（Source）的關係，也就是眞正的你——所以我們才會在這裡。

人生是由各種關係組成的

在每一分每一秒的體驗中，一定都涉及某種關係，你能察覺到、注意到、知道的所有事物，都是從與其他人事物的關係而來。若無相對的體驗，就無法察覺或專注於內心的領悟。因此可以說，關係不存在，你也不存在。

在你閱讀本書，開始探索生活中各式各樣的關係時，我們希望能進一步喚醒你體認到你本來的面目。

我們希望你能體驗到更深的理解與價值，包括對你的地球、你的身體、你的家人、你的朋友、你的敵人、你的政府、你的系統、你的食物、你的財務、你的寵物、你的工作、你的目的、你的本源、你的靈魂、你的過去、你的未來，還有你的現在……

我們希望你記得，所有關係都是永恆的，一旦建立後，就永遠成爲你的振動構成的一部分，而你握有創造的力量，就在這充滿力量的當下，你現在的面目與你正在成爲的面目合而爲一。

看到討厭或讓人不愉快的事情時，通常你會認爲事不關己，隔岸觀火；但情況從來不是這樣。就算你認爲自己保持遠遠的距離，但當你看到一個狀況時，你就成爲這個經驗的共同創造者。

隨著時間經過，人與人不斷交流互動，對於生活方式會產生集體偏好；然而，在你們體驗到的無數事物上，對於何謂正確的方式仍然無法達到共識，你還是會繼續說服其他人接受你認爲最好的選擇。

達成一致，再採取行動

今日地球上的社會多到數也數不清，你們會制定規則、要求、禁忌、法律，服從的人可以得到獎勵，違反的人就會受到懲罰，每個社會似乎都堅定地把想要的和不想要的分成兩堆。努力分了又分，分出來的東西卻不斷變化；想要的和不想要的、對的和錯的、好的和壞的，永遠無法達成共識。

我們希望讀過這本書後，你將不再需要迎合全體、社群、甚或伴侶的意見，以尋得你的自信、方向和力量。我們要你記住，想求得他人的贊同，其實是因爲你誤解了宇宙法則，違逆了你本來的面目。

我們希望在你了解了自己的引導系統後，能夠回到流向你且貫穿你的力量。若你能夠與內在的力量協調一致，在其他層次和主題上（還有和其他人），才有可能達成和諧。

舉例來說，眼前有一輛笨重的大卡車，懸吊系統不佳，方向盤也老舊不堪，幾乎難以上路，大多數人應該不會把珍貴的貨物裝到這輛卡車上。又或者有個五歲的小孩第一次騎腳踏車，應該沒有人會願意把貴重的玻璃古董放在他腳踏車的籃子裡。或者多數人也不會隨意地把自己一生的積蓄和最珍愛的珠寶裝進袋子裡，然後扛著袋子走在結冰的湖面上，卻不先試試冰層是否足以支撐身體的重量。

換句話說，在啓程出發前，尤其是對你很重要的旅途，一定要先找到基本的穩定性。然而，當人們彼此交流重要的訊息時，常常在還沒獲致眞正的穩定前，就一頭栽入對話，跟著做出決定、行動，之後要再回頭尋找穩定，常得花上很長一段時間。一旦失去平衡，失控的體驗便接踵而來。透過本書的例子，我們希望能幫助你先牢記達成頻率一致的藝術，然後再採取行動。先尋求一致，再開始對話。先尋求一致，再開始互動。

先尋求一致，再做其他的事。

人們常說：「開口之前先想一想。」說得好，但我們還要更進一步。我們會建議：「想一想，注意你思考時的感受，評估思考的價值；累積足夠的練習，你會知道自己是否達到頻率一致。接著再開口說話，然後去行動，和別人互動。」

相較於無法達成頻率一致的數百萬人口，能夠花時間了解自己跟本源的關係，積極讓自己跟更寬廣的視角達成一致，專注於讓自己符合本來的面目，這樣的人更具魅力和吸引力，做事也更有成效、更有力量。

歷史上受人敬重的聖賢都了解這種頻率一致的重要性。在這本以人與人的關係爲主題的書裡，我們要告訴你：最重要的關係莫過於此時此刻，你的身體和你出自的靈魂／本源／宇宙主宰之間的關係。把這個關係放在首位，你才能站穩腳步，擴展出其他的關係。先顧及這個最基本、最重要的關係，那麼你和身體與金錢的關係，和父母、子女、兒孫、同事、政府以及世界的關係……將輕而易舉地進入一致的狀態。

我們都活在錯誤的前提之下？

或許因爲和某個人之間有什麼問題存在，所以你才會選擇閱讀這本書，我們希望你知道，你要找的答案就在這裡面。如果你看了前面的目錄，也許能針對你最想處理的問題找到確切的解答。我們知道，直接翻到對應的頁數去看解答是比較誘人的方法，而且如果你這麼做，一定會找到答案，而且是正確解答。但如果你願意按著我們撰寫的順序，一頁一頁看下去，當你讀到某個和你最想解決的問題有關的段落時，我們保證：你將得到更大的慰藉，更易了解我們提出的方法，你的問題將更快獲得解決。

不論你是一次把書讀完，還是分好幾天閱讀，你內心都會發生非常大的轉變：你自出生以來所採取的錯誤前提將一一瓦解，你將領悟到存在的核心意義。如此一來，你會更明白現在和過去所有的關係，每一段關係帶給你的益處也將昭然若揭。

大多數人之所以採取錯誤的前提或不穩定的根基，是因爲他們在意別人怎麼看待自己，更甚於他們自己的感覺。因此，隨著時間流轉，和許多人產生互動後（這些人也想要有更好的感覺，於是他們便訓練周遭的人，使別人做出能讓他們暫時感覺良好的行爲；也就是說，「你不高興沒關係，但你要讓我覺得開心」），他們看不見自己的引導系統，和本來的面目漸行漸遠。日復一日，他們覺得愈來愈糟糕，做出一次又一次錯誤的結論，最後完全迷失了。

揭露這些錯誤的前提可以澄清問題，將一切導向幸福的道路，這麼做似乎很合乎邏輯。然而，當你站在錯誤的前提中，只會看到錯誤前提帶來的結果，通常你會被捲入其中的振動，開始吸引同類的事物，結果根本看不到原本的錯誤。當生活一如往常，按著你「相信」的方法前進，你感受不到虛假。

要發現或領悟虛假和錯誤的前提，你必須退到夠遠的地方，回歸本來的面目，才能看得清楚。換句話說，如果你碰到一個不怎麼友善的（脫離本源的）人，他一直告訴你你不夠聰明，一開始你會不同意他的說法。你所感受到的負面情緒，是因爲「你不夠聰明」這個想法和你眞正認識的本源相互矛盾。但如果你一直聽到同樣的說法，直到你自己都覺得這個錯誤的前提是眞的，還不斷重複它，你就啓動了矛盾的振動頻率，干擾你的理解能力，同時也會開始吸引證據，證實你不夠聰明。一旦有證據證明，就愈來愈難以稱之爲「錯的」。過了一段時間，你會完全相信這個錯誤的前提。

好消息是，只要你知道自己不想要什麼，你會發出一股同樣強烈的欲望，朝著你想要什麼而去，欲望之箭衝入你的「振動實相」（Vibrational Reality）中。也就是說，好的體驗很有可能總是來自不想要的體驗；而你終究（在停止抗拒時）會看到改善。

我們寫這本書的目的，就是要讓你更快看到改善，起碼在這一生能看到；但不論發生什麼事，這個世代的對比一定能讓未來的世代受益無窮。我們希望能幫你揭開並解除這些錯誤且毫無幫助的信念，助你脫離這些錯誤前提的束縛。我們要你記住你本來的面目，享受耳目一新的感覺，從新的立足點出發，吸引萬事萬物。

看到某個人陷入問題時，多數人相信，如果問題不在那裡，他們就不會看到問題。

看到某個人陷入問題時，多數人相信他們之所以覺得不快，是因爲另外一個人造成了這個讓人不愉快的局面，如果那個人不要這麼做的話，那他們就會覺得好過一點。

看到某個人陷入問題時，多數人相信如果他們能夠透過影響、說服、強迫、規則、法律或威脅懲罰來控制其他人的行爲，掌控出了問題的狀況，他們就會覺得好過一點。

大多數人相信，只要能控制局勢和其他人，他們就會覺得更好，但這種信念卻是所有錯誤前提中最嚴重的。你以爲假如你能改變所有的情勢，眼前所見事物就會變得更好一些，這樣的想法違反了宇宙定律，以及你存在的意義。你從來不想控制周遭的一切。你只想控制自己的思緒。

我們會在這本書裡辨別出一連串錯誤的前提，在有形的實相中，這些前提就是讓人陷入困惑與扭曲的元凶。我們希望你在閱讀的同時，能夠放下和更廣的知識相互牴觸的錯誤前提，才能回到自然的狀態，讓人生的幸福流向你。

退一步海闊天空

我們希望能與你對話，就在這裡。爲了幫助你改善你正在經歷的所有關係，首先你要敞開心懷，跟我們一起感受從出生到死亡這段路程上所有的人類互動。當然，你和他人有很多不一樣的地方，但不論你何時出生、住在哪裡，一定會有一些主要的關係模式值得你仔細思考。不論你目前正處於人類進化的哪個階段，檢視你身爲物質界人類所體驗到的各種關係演化，將有助於你了解長久以來人類彼此傳遞的無數錯誤信念。向後退一步，離開你目前的體驗，以全方位的角度觀察你的生命體驗，你會更清楚看見人生的目的，也能立刻找到穩定的立足點，展開喜悅的生命旅程。

誕生之前

將意識傾注於這個有形的身體（也就是現在的你）以前，你是充滿智慧、清楚、快樂且毫無抗拒的一股意識，熱切渴望即將誕入的體驗。在誕生前，你體驗到唯一的關係，就是和本源的關係；但由於那時的你還沒有形體，無法加以抵抗，你體驗不到明顯的分離，因此你和本源之間沒有清楚可辨的「關係」。你就是本源。

換句話說，就好比你有手指、腳趾和四肢，但你會不認爲它們是獨立的存在。你認爲它們屬於你的一部分。因此，通常你不會描述你和腿的關係，因爲你明白腿是身體的一部分。正因如此，誕生進入有形的身體以前，你的振動頻率和本源密不可分，或者說你的振動頻率和人類口中所謂的神緊密相連，你和神完全結合，彼此之間再也沒有關係，因爲你們合而爲一。

誕生的時刻

在誕生時，作爲意識的你將自己投入於這個有形的身體，最初的關係也展開了：有形的你和無形的你之間的關係。

這裡我們遇到一個很大的錯誤前提，或者可以說是誤解，而事實上大多數人都有這樣的錯誤想法：

錯誤前提1：我不是有形，就是無形；不是活著，就是死去。

很多人不明白，在誕生進入有形的身體以前，他們就存在了。也有很多人相信，如果他們在誕生前就已經存在，那麼在誕生之後，無形的部分就消失了。換句話說，「我不是有形，就是無形；不是活著，就是死去。」

我們要你記住，雖然你將意識灌注於宇宙前緣這個物質世界的身體上，但永恆、無形、更成熟、更有智慧的你仍然保持著無形的關注。由於那無形的你存在，也因爲你的存在，這兩種重要的面向之間具有永恆且無法否認的關係。

有形的你和無形的你之間的這種關係（振動關係）非常重要，原因很多：

一、你感覺到的情緒（你的情緒引導系統）來自這兩種振動頻率（有形的你和無形的你）之間的關係。

二、當你尋求新思維和擴展時，就在這生命的主要階段，明白無形的你存在對有形的你是有助益的。

三、當你尋求新思維和擴展時，就在這生命的主要階段，從有形經驗開創出來的擴展，能讓無形的你獲益。

四、有形的你和無形的你之間的關係會深刻影響你的每一段關係，對象可能是其他人、動物、你的身體、金錢、概念、想法，以及生命本身。

你和父母的關係

生身父母對你的重要性不在話下，因爲如果他們沒有建立起彼此的關係，現在的你也不會存在。但一般人心中對自己和父母的關係有很多誤解，也就是我們所說的錯誤前提。

無形的你知道，生身父母是你通往物質體驗的重要途徑，你要誕生在一個夠穩定的環境中，才能得到有形的立足點。你知道你的父母（或身分類似的人）會迎接你，帶你認識新的環境。你知道你要花一段時間來適應環境，你也非常感激那些歡迎你來到世上的人。

你的父母已經習慣了物質的環境，你知道他們會幫你準備好食物和遮風避雨的地方，並提供物質的穩定。但你並不希望他們幫你決定人生目的，或在這生命的旅途上指引你什麼是對的、什麼才有用。事實上，在誕生前，從無形的觀點來看，你知道在誕生之日，你個人的引導比迎接你的人們所能提供的引導，更加完整無缺，因此效用也更好。也就是說，在剛剛誕生時，有形的你和無形的內在自己（Inner Being）之間的關係仍是一股純粹的正面能量。

但是，進入有形的身體沒多久，你從有形的角度獲得自己對這個地球新環境的觀點，你開始體驗到你的意識逐漸發生變化（你早就知道會這樣）。在這個過程中，你的能量，或者說意識，會一分爲二。換言之，當你還是一個被母親抱在懷裡的新生兒時，你的內在就有兩股振動頻率——因此，你會開始感受到各種情緒。

你來自一個熟知宇宙、地球和一切萬有的幸福的環境，因此當媽媽懷抱著你爲你擔心時，你覺得不自在。當你父母被生活壓得喘不過氣時，你覺得不自在。當他們滿懷愛與讚賞看著你時，你感覺跟他們的存在合而爲一，你感覺到自在。即使你還是個嬰兒，你記得父母沒有義務要把他們的一致頻率投射在你身上。即使你還不會說話走路，你記得他們沒有義務要提供你自在的感受和一致的能量。你知道這是你的職責，也知道你會找到方法。在這段期間，你可以輕易就退回到本體的和諧——所以你睡著了。常常在睡。

你來到這個有形的環境，你知道從一開始周圍就會有很多對比，你也知道這樣的對比有助於創造生活體驗。你明白，只要在地球這個環境中，你就會自動找到自己的選擇，想要的和不想要的都對你有益。最重要的是，你知道你就是那獨一無二、可以幫自己做決定的人。然而，在你進入父母的生活體驗時，（在大多數情況下）他們早就已經忘記了跟你有關的事物。這裡我們看另一個錯誤的前提：

錯誤前提2：父母比我早出生好幾年，既然他們是我的父母，他們比我更明白什麼對我好，什麼對我不好。

你並不想以父母的意見來衡量自己的信念、願望或行動是否正確。相反的，你知道（出生很久之後也依然記得）你內心對本源的意見（或知識）和你現在的想法之間的關係，將透過情緒的形式提供你完美的引導。即使父母想要給你的引導和他們的情緒引導系統完全一致，你也不想以父母的意見來取代你的情緒引導系統。更重要的是，你要辨別自我引導系統的存在，好好加以利用，而非等候他人的指正或認同。

有些人離開童年熟悉的環境後會一直覺得無法平衡，主要是因爲他們仍試著尋求父母的認可，以取代自己的引導系統，但這根本是不可能的。每當你試著跟外界（在這裡指你的父母）達成一致的意見，而不是跟內在的振動頻率達成一致（也就是內在的自己），自由的感覺就會遭到破壞。當然，如果有形的你跟無形的你調和一致，你就可以和父母建立良好的關係。而除非有形的你跟無形的你達成一致的振動頻率，否則其他的關係也不會美好。

你和兄弟姊妹的關係

不論你是父母的第一個孩子，或者前面已經有兄姊了，如果家裡的小孩不只一個，你和父母的關係一定會有所改變。關係中的人數愈多，振動頻率失調的可能性就愈高，大多數的情況都是這樣，但不必然如此。

一般家庭的關係如下：你的父母並未察覺到自己的引導系統，所以他們無法給自己（或彼此）振動一致的行爲模式。他們通常認爲要由你來改變行爲，好讓他們感受到正面的體驗。因此，在你進入他們的生命體驗後沒多久，他們就想訓練你的行爲模式，讓你的行爲符合他們的喜好。但是，這樣的期望是不可能達成的。他們沒有跟自己本來的面目達成一致的頻率，反而要求你用你的行爲讓他們有更好的感受。這就是所謂有條件的愛：「如果你改變行爲或條件，我看到了之後，就會覺得比較好。所以你要爲我的感受負責。」

當第二個孩子到來以後，父母親想要控制的行爲愈來愈多了，更令你困惑的是：現在，除了要根據父母對你的行爲所做出的反應來考量你的行爲，你還要觀察父母對其他小孩的行爲所做出的反應。關係裡每增加一個人，造成困惑和扭曲的可能性就跟著增加。

想要按照家人的期望和要求來調整你的行爲，就不可能達成個人的頻率一致。個性、利益、意圖和生命的目的有太多變化，你無法從行爲上一一解決。但你可以做一件事，就讓所有關係變好且使你滿意：在你踏入和其他人的關係前，先讓有形的你和無形的你達成一致的振動頻率。而且，不要爲了改善自己的情緒或看法，就要求別人改變行爲。變動太多，你不會成功的。

吸引力漩渦和吸引力法則

我們希望讀了這本書以後，你會有耳目一新的感受，知道有形的生活體驗在更寬廣的世界中扮演什麼樣的角色。我們要你記住你本來的面目，還有你爲什麼在這個有形的身體之內。最重要的是，我們希望你重新感受到自己的價值和絕對的幸福；我們也希望在這個充滿對比的時空中，你明白自己所扮演的重要角色。

在你進入這個身體以前，你是一股無形的能量；從那無形的本源觀點，你把一部分的意識向前延伸，投注在有形的時間、有形的地球和有形的身體上。當你誕生之後，透過對周遭新環境的感覺而得到意識，這代表你的意識變成兩個具體的面向：無形的你和有形的你。

有些人用靈魂或本源來代表無形的自己；雖然我們比較喜歡的說法包括內在的自己、更廣的無形角度或本來的面目，我們希望你能了解更重要的一點：無形的你和有形的你同時存在。大多數人承認，在誕生前，他們的某個部分就已經存在，而且多數人相信，在肉體死亡後，他們又會變回無形，但事情卻不是這樣：你是本源能量的延伸，當你變成有形的你之後，無形的你並未消失。事實上，有形的存在和體驗，會讓無形的你開始擴展。

你很清楚，你進入這美好的身體中，在地球上與其他人交流想法、信念和願望，最終的目的就是為了擴展。你明白，處在多樣化的環境下，自然就能在某些方面獲得進步。你知道，經歷不愉快的體驗後，就會產生一股要求改善的力量。你知道，要求和願望會從你的振動頻率發散出去；內在的自己察覺到新的要求後就會跟隨它，用盡心力去達成。你知道，物質環境激發的要求會跟內在的自己達成一致的振動頻率。

因此，內在的自己站在所有生命體驗的最高點，其發散出來的振動頻率表達你所有的一切，如果你能把注意力轉移到擴展後的內在的自己這個想法上，你就能更了解內在的自己，也更明白有形的你對擴展有什麼貢獻。

我們要你了解，當你專注於有形的你，心中冒出想法、嘴巴說出話語、身體開始行動……同時，在你原本來自的無形世界中，還有一個無形的你；由於有形的體驗，無形的你也擴展了。

很多人把物質生活的體驗當作實相。你透過實際的感受來理解物質實相，當你在地球上左右環顧，看著周圍的環境、人物和體驗，你斷言這就是實相。我們要你了解，即使看得到、聽得到、嚐得到、聞得到、摸得到物質實相的證據，真正的實相其實遠超過你所相信的範圍。你在物質環境中感知到的一切都是振動，你的生活就是你詮釋出來的振動頻率。

強大的吸引力法則是所有體驗的根基；這項法則有個穩定牢靠、永遠不變、恆久正確的前提：同頻共振，同質相吸。

將思緒放在某個東西上，你就開始把那個東西的本質吸引到你的體驗中。一旦把注意力放在某樣東西上，就激發了內心的思維振動，擴展就此延續。換句話說，你愈在意某樣東西，內心對於它的振動就愈活躍。振動持續得愈久，吸引力就愈強，最終你對這種活躍振動的經驗會變得牢不可破。你用振動思維發出要求後，體驗中的所有事情便會來到。

宇宙間所有的振動都受吸引力法則掌管，振動會擴展到宇宙間所有存在的事物上。因此，有形的你產生思緒時，吸引力法則就會回應相關的振動，同時也會回應無形的你所發出的振動。

我們希望你能注意到無形的你有多麼強大，以及吸引力法則帶來的作用。每當物質生活的體驗讓你希望得到什麼東西時，你就會發射出振動頻率，由內在的自己接收，把你的要求擴大成振動的一部分。爲了幫助你了解擴展的過程，我們將之稱爲你的振動暫存區或你的振動實相。這就是你最終擴展的模樣。

吸引力法則會回應你在物質環境中提出的思維、話語和行動，同樣也會對你的振動實相做出強而有力的回應。當內在的自己擴展後發出清晰的振動頻率，負責掌管宇宙間所有振動的吸引力法則會加以回應，結果就匯流成強大的吸引力漩渦。

這就是變化匯集而成的能量渦，包含所有的要求、所有修改後的要求、所有從你身上產生出來的願望的細微末節，而吸引力法則會加以回應。想像這個不斷旋轉的能量渦，還有當吸引力法則回應這單純、專注、沒有阻擋的願望時，所匯聚的吸引力。這個匯聚能量的漩渦爲了完成蘊含的所有要求，會吸引一切必要的事物。所有相輔相成的要素都接受召喚，合力完成創造、回答問題、解決問題。

本書除了要讓你記住創造的過程，記住你所來自的那個充滿純粹且正面能量的地方，也要讓你記住這個能量渦的力量，並提醒你相信情緒引導系統，如此你才能有意識地、專注地達到一致的振動頻率。

本書的目的如下：

- 讓你記住你本來的面目。
- 讓你記住生命體驗的目的。
- 找回自重自愛的感受，懂得讚賞自己在這個物質環境中的成就。
- 讓你記得你的存在就是一種振動頻率。
- 讓你記得無形的你也同時存在。
- 讓你察覺到兩種振動頻率（有形的你和無形的你）之間的關係。

•讓你時時刻刻體認到創造能量渦，其中包含你所有的願望和所有的進展。

簡單來說，我們寫這本書，就是要幫你進入你的能量渦。

在你生命中出現的每個人，不論是你所謂的朋友或愛人，敵人還是陌生人，他們都是因爲你的振動頻率發出要求才會來到這裡。你不只邀請了那個人，也招來了他的個人特質。很多人無法接受這個想法，因爲他們遇到的人有太多他們不喜歡的特質。他們認爲自己絕對不可能要求不想要的東西進入自己的體驗，因爲他們相信，「要求」某物表示「要求想要的東西」。但我們所謂的要求，是提供相符的振動頻率……我們知道，你所吸引到的很多關係或體驗，並非出於刻意，而是來自你的默許……要緊的是，你一定要了解，你想什麼，就會得到什麼，不論你要不要。一直想著不要的東西，就會招致（或要求）相符的體驗。這就是吸引力法則的作用。

生命中所有的對比幾乎都來自與他人的關係，或說和其他人共同創造的過程。生命中的痛苦和最大的愉悅也來自關係。但最重要的是，你和他人一起體驗的關係爲你的擴展奠定根基；因此，我們可以說，生命中的關係在任何時刻都有可能帶給你喜悅（或痛苦）。簡單地說，如果別人沒有激起你去擴展，你就感覺不到無法擴展的痛苦。人與人的關係所蘊含的互動、糾纏和共同創造，大大增強了你個人的體驗。最強烈的喜悅和悲痛都來自與他人的關係，但你不知道其實自己有更強的力量，可以控制自己要體驗喜悅還是悲傷。

強大的、永恆的、普遍的吸引力法則

充滿力量的吸引力法則（同頻共振，同質相吸）就是所有體驗的根源。因此，把思緒放在某個東西上，你就開始把那個東西的本質吸引到你自己的生活體驗中。一旦把注意力放在某個東西上，就激發了內心的思維振動，擴展就此延續。換句話說，愈在意某個東西，內心對於它的振動就愈活躍。振動持續得愈久，吸引力就愈強，最終你對這種活躍振動的經驗會變得牢不可破。你用思維發出要求後，體驗中的所有事情便會來到。

要記得，不論你是在想想要的東西還是不想要的東西，你都會發出「要求」，吸引更多和你所想的對象類似的東西。所有發生在你身上的事（包括人、事、經驗、情況）都是爲了回應振動頻率發出的要求。

你吸引而來的關係、情況和事件累積的結果，就是對你所發出的振動頻率完全無誤的回應。注意出現在你眼前的事情，你就會清楚自己發出了哪些振動頻率，因爲不論你願不願意，心中所想的事物一定會來到你身邊。我們說這是後知後覺：在思維沒有刻意設定方向的情況下發出振動頻率，然後卻在思維以具體的樣子出現時注意到結果，比方說銀行戶頭快沒錢了、身體突然不適或跟伴侶的關係不佳。

你與生俱來很好的情緒引導系統，如果能領悟並加以利用，或許能夠察覺到你吸引了不想要的情況，在它完全實現變成你的體驗前，先加以攔阻。但大多數人不知如何選擇，對眼前所見等同視之，即使自己的情緒無可避免地回應了不想要的東西，也概括承受。他們相信世界上總有不好的事情會發生，把注意力放在不好的事情上，期待不好的感覺，而不好的感覺也眞的來了。鮮少有人明白不好的感覺爲什麼會發生，我們在這裡簡短說明：

當你把注意力放在某件事情或情況上，你感受到不開心的情緒，但眞正讓你不開心的，其實並不是那件事情或情況。你感到不開心，是因爲你的想法讓你的振動頻率出現了間隔。換句話說，你選擇了把注意力放在內心本源不在意的東西上。內心的本源對某件事不在意，但有形的你卻把注意力放在那上面，這就是你感到不開心的原因。本源明白吸引力的力量，不願意繼續創造不想要的東西；當你去創造不想要的東西時，就會覺得不開心。屢試不爽。

反之，當你在充滿熱情、快樂、愛或願望時發出思維，你選擇了讓自己能全心全意地沉浸在這些思緒中；有形的你和本源之間沒有間隔，你創造出來的關係會很有力量、清楚明確，也讓人覺得幸福。

知道自己有一套情緒引導系統，比了解其他東西更有價值。當你察覺到自己有兩個重要的振動觀點，以及這兩個觀點之間的關係，你就掌握到了以喜悅的心自主創造的關鍵。無法了解這一點，你就像在汪洋大海中載浮載沉的浮木，失去控制，只能隨著浪潮和風向移動。

事實上，你可以說你隨時都有兩種情緒，而且就只有這兩種情緒：一種覺得比較好，一種覺得比較不好。如果你下定決心，不論你身在何處，不論你正在做什麼事，你都可以從自己所在的地方找出感覺更好的思維，你就能和內在的自己、和本源、和所有你的願望，建立長久的關係；你的生活也會一直充滿喜悅。你的計畫是：透過多樣的可能，明白你對每個主題的喜好，然後和永恆進化的自己達成一致的振動頻率。

我們要忍受痛苦？

傑瑞：既然每個人都那麼不一樣，我不覺得我們有可能就生活方式達成共識。

亞伯拉罕：我們同意你的說法。如果大家都以同樣的方式過生活，地球會變得很無聊。

傑瑞：既然我們都不一樣，想要的東西也不同，要忍受這些差異，一定會讓人覺得痛苦，如何避開這些痛苦繼續前進呢？

亞伯拉罕：你的痛苦，或負面的情緒，並不是來自於你和別人意見不合。而是有形的你和無形的你振動頻率不一致。如果你把注意力從不想要的東西上移開，專注於你真正喜歡的事物，痛苦就會消退。繼續把注意力放在你眞正想要的東西上，你就不會再感到痛苦，你會感受到開心、熱情和快樂等正面的情緒。

傑瑞：可是人與人在某種程度上都是相互連結的，我們要如何學著去接受發生在別人身上令人覺得不愉快的事呢？

亞伯拉罕：所有的領悟都來自相對的生活方式。所謂「相對的」，意思是根據本源發散出來的眞實知識，權衡眼前觀察到的所有事物。從更廣的角度來看，你知道把注意力放在不想要的東西上反而會增強這些東西，因此，你的本源會把注意力從所有不想要的東西上移開。進入有形的身體後，你注意到不想要的東西，就導致有形的你和無形的你之間的振動頻率出現不一致，負面的情緒就表示你的頻率不一致。在缺乏一致頻率的情況下，你再怎麼擔憂別人，再怎麼生他的氣，對他來說都沒有意義。想到這些事情時，由於你無法控制其他人生命的境遇，如果你想要感到快樂，除了把注意力從他們令人不快的處境上移轉到其他地方，別無他法。

傑瑞：但如果我們不關注其他人體驗到的痛苦，他們會不會覺得被拋棄了呢？我們不是有責任要去幫助那些需要幫助的人嗎？

亞伯拉罕：趁這個機會可以來了解一下人類社會中一個基本的錯誤前提：

錯誤前提3：如果我盡力抵擋我不想要的東西，它們就會消失無蹤。

你們居住在一個以吸引力法則爲基礎的宇宙中。這表示，這個宇宙屬於納入型（inclusion-based），而非排除型（exdusion-based）。換句話說，在以吸引力爲基礎的納入型宇宙中，沒有「不要」這種事情。看著你想要的東西，表達出你想要的意願時，你就將此物納入你的振動範圍，成爲你振動頻率的一部分，也跟你的吸引力融合在一起，這就表示你吸引到了這個東西。但當你對某物大喊「不要」時，你也將它納入你的振動範圍，融入你的振動頻率，跟你的吸引力密不可分，這表示此物也被你吸過來了。

對某人抱持負面的想法對你一點好處也沒有。如果他人身上有什麼東西讓你看了覺得不開心，當你感受到負面的情緒時，就表示你不想要的東西愈來愈強。

負面情緒剛開始萌芽時，你只會覺得不自在，但如果你繼續把注意力放在不想要的東西上，個人體驗中就會出現愈來愈多不想要的事物，避也避不開。

在每個有意識的時刻，你的吸引力都在作用，這表示吸引力法則正在回應你當下的振動頻率，你處於愈來愈壯大的狀態中。你的情緒指出你變得愈來愈像你的本源那麼正向、那麼充滿力量，還是你其實正朝著相反的方向走。你無法留在原地不動。倘若你是清醒的，你就處於不斷擴展的過程中。

知道你不想要什麼，你會更明白你眞正想要的是什麼，因此，當你深刻感受到他人不好的情況時，就會自動把好的情況投射進你的振動實相中。現在，你的工作、你對那人的價值、你對自己的價值、你自然的狀態⋯⋯都會讓你把注意力放在更好的想法上，而這個想法源自於你和那人的互動，以及你的觀察。

當你學會這麼做的時候，除了提高自己對他人的價值，你也會看到你和他人的關係對你自己的改變有很大的助益。

學習隨順的藝術

傑瑞：你們常提起隨順的藝術。那就是你們在這裡所要說的嗎？

亞伯拉罕：對。隨順的藝術是你最想要了解的東西，因爲，若能好好運用，你可以讓自己「隨順」所有的變化。阻礙你隨順無形的你的事物，感覺就沒那麼好。換句話說，對比的體驗會使你本來的面目擴展，因爲無形的你總是站在擴展的盡頭。但如果你繼續回頭看那些導致你擴展的事件、情境或因素，你就會妨礙自己的擴展。無法隨順，所以你覺得不好過。

隨順的藝術很簡單，憑藉專注選擇的思緒，讓自己和自己的擴展同步。由於你所在的時空實相的對比造成持續的擴展，在擴展的狀態下，如果你要感到快樂，唯有跟上自己的擴展。

從更廣的角度來看，有形的你和無形的你之間的關係是永恆的，而愛則來自無形的你。沒有愛，就無法實現隨順的藝術。

從更廣的角度來看，無形的你知道你的價值。覺得自己沒有價值，就無法實現隨順的藝術。

在此，你可以了解人類社會中另一個基本的錯誤前提：

錯誤前提4：我來到這個世界上，是為了用對的方式過生活，同時影響其他人採取和我一樣的生活方式。我覺得對的事，必定是所有人都該遵循的方式。

你來到這個有形的世界體驗，並非爲了要把現在所有的想法去蕪存菁一番，變成人人都贊同的幾個好想法。事實上，你的目的正好相反。你說：「我要向前走，走入對比的汪洋中，從那裡會生出更多的想法。」你明白，以多樣化爲根基，才有充滿喜悅的擴展。

每個人都想要快樂，但其他人的行爲有不少地方讓你覺得不怎麼好，你認爲要得到快樂，就要想辦法影響或控制其他人的行爲。你會下此定論不難明白。但在你想要控制這些事物時（透過影響或強迫），你發現你不僅無法抑制它們，而且由於你把注意力放在這些事物上，更多類似的事物就會進入你的體驗。當前的社會正在對毒品宣戰、對貧窮宣戰、對罪惡宣戰、對青少年懷孕宣戰、對癌症宣戰、對愛滋病宣戰、對恐怖主義宣戰……但相關的問題卻層出不窮。單單控制或消除不想要的東西，無法讓你得到你想要的東西。

而在眾人之間，又有誰能夠決定哪一種生活方式才是「對的」呢？集合了最多人的團體知道「答案」嗎？還是最有能力消除其他團體的團體才是「對的」？窮人知道答案嗎？還是說關鍵在有錢人身上？哪一種宗教是「對的」宗教？哪一種生活方式才算「對的」？生小孩對嗎？生幾個才對？如果女性有了小孩，她還可以想其他的事情嗎？她能不能有事業？還是只能專心照顧小孩？男人應該如何對待自己的妻子？他可以娶幾個老婆？

「只有我所屬的團體／我們的生活方式才對，其他的方式都要停止，因為當我看到自己不認同的事，我就覺得很糟。」這個錯誤前提是地球上多數痛苦的來源。被壓迫的人覺得痛苦，壓迫他人的人也會感到痛苦。事實上，你們之間最不滿足的人，就是那些壓迫別人的人，因為當你這麼做的時候，你就無法隨順最重要的關係：也就是有形的你和無形的你之間的關係。

雖然你期望內心生出新的願望，也想要成就這些願望，但不管如何，你都不想妨礙別人的願望。你知道，世界夠大，每個人都可以有自己的願望。當你看到別人發出願望，你不會擔心自己的願望因此受到阻礙（即使你不喜歡你所看到的），因為你知道你能夠傾注心力在想要的東西上。因此，不需要把你不想要的東西從這個世界上除掉。你希望能決定你要什麼，並藉由專注的力量和吸引力法則，把你想要的東西吸引過來；你也願意讓其他人這麼做。你明白差異性除了是力量和擴展的來源，也是存在的根本，因爲，如果沒有擴展，就無法延續存在。

我們能夠影響而非控制別人嗎？

傑瑞：我想再多談談我們彼此之間的影響力或控制力。我們對別人到底有多大的力量？如果別人認爲我們應該要的東西和我們想要的不一樣，我們要如何避免動搖心意，忘了自己想要什麼？

亞伯拉罕：很好，你看得出控制跟影響不一樣，我們希望你能更深入地了解：當某人想要去控制另一個人或某個情況時，他一定做不到，因爲當你採取控制的態度時，你就知道你不想要什麼，你的振動頻率和吸引力會跟你眞正的願望背道而馳。就算你能和其他人聯手抵抗不想要的東西，就算你們的力量看起來超越了相對的力量，你仍無法眞正握有主控權；相反的，你更容易吸引不想要的東西。也許人事時地物有所不同，但你不想要的東西接踵而來，你會發現就算你能控制什麼，也只是一時的。

企圖控制情勢和想要影響並扭轉情勢，兩者之間是有所差異的。尋求影響力時，你可能想用言詞說服，甚至以威脅手段來強迫別人，但採取控制的態度時，你的言詞可能更蠻橫，甚至還會利用特定的手段來改變其他人的行爲。

除了影響和控制之間的分別，我們還想提出一個更重要的區別，也就是「察覺到你不想要的東西，試著到達你想要的地方」，以及「察覺到你眞正想要的東西，到達你想要去的地方」。前者的做法比較像是試著驅使別人去改變行爲；而後者則是鼓勵別人去改變行爲。

想要驅使別人去做什麼，是因爲你把注意力放在你不想要的東西上，你眞正的力量在此並無法提供協助。但如果你把注意力放在想要的東西上，就能消除和你的願望相抗衡或反對的力量，你吸引了創造世界的能量，你的影響力強大無比。找回你眞正的力量，隨順這股力量，你就能發揮強大的影響力，讓其他人也找到自己的力量。

如何在多樣化的家庭生活中找到和諧？

傑瑞：一個能夠獨立思考且正在學習和成長的小孩，父母卻想要用自己固定的思考方式和行為訓練他，他們如何才能和諧共存呢？換句話說，如果你的父母不喜歡改變，也不接受新的想法，該怎麼辦？

亞伯拉罕：我們要再解釋一個錯誤的前提：

錯誤前提5：我的年紀比你大，所以我比你聰明，因此你要聽我的話。

父母和其他比你早來到地球上的人，他們為你的誕生準備好安穩的環境，但是他們並沒有你想要尋求的智慧。你的擴展來自自身的體驗，你的知識則來自你和更大的視野之間的連繫。大部分那些傳了一代又一代的指引、規定和法則，是由不懂得「隨順」他們與更大視野的連繫的人所寫下的。也就是說，大多數強加在你身上的指引，是來自一個有所欠缺的角度，無法引領你到達更好的境界。

當然，你們一定能從彼此身上學到一些有形的東西。在你出生前，就有人發明了很多東西和技能，所以你不需要從頭開始研究，就能得同樣的益處。但地球上有一項普遍的信念和你本來的面目相互矛盾，也和你的存在相互矛盾，接著我們來看下一個錯誤的前提：

錯誤前提6：誕生進入有形的身體之後，我是誰就已經決定了。身為微不足道的人，我必須面對辛苦的生活，目的是為了提高個人的價值。

你並不是從誕生之日才開始的。你是永恆的意識振動，永遠都在改變，永遠都有價值。那股有價值的、無形的、永恆的、充滿神力（God Force）的、有創造力的意識振動，以你的形象出現，成爲你心目中的自己，無形的你仍然存在，把力量傾注於純粹且正面的能量，以及絕對的價值。

你渴望進入這個有形的時空實相，因爲它是創造的環境，而你是創造者。你很喜歡專注於這個充滿對比的世界的這個想法，因爲你了解對比的價值，它有助於你專注創造。你明白，你自己的生命會從你身上得到源源不絕的新想法，靠著專注的力量，這些想法就會變成物質世界中的「實相」。你也知道選擇、專注和隨順有創意的想法會帶來喜悅。你知道，你隨時都能感覺到當下的想法和內在本源達到某種程度的振動一致，你了解那些正面和負面的情緒就是唯一的引導源頭，幫助你創造和發掘，在永恆變化的道路上不斷擴展。

也許你還記得小時候，每當別人表現出對你的不贊同時，你有什麼樣的感受。你那時體驗到的負面感覺，表示別人對你的看法和你本來的面目以及你眞正的知識無法保持一致。你感覺被拉扯，其他人以他們對你的扭曲觀點，要把你從更廣的、對本來的面目的觀點中拉走。你的引導（負面感覺）讓你明白，這些感覺把你的焦點轉移到跟本源不一致的地方。你對自己（或其他事物）的看法若跟內在的本源不一樣，一定會讓你覺得不舒服，隨著時間經過，你變得愈來愈無力，而慢慢地你也習慣了，到最後，你開始從其他地方尋求引導，你自己的引導便逐漸消失。

現在，再回到你的問題：父母想要以他們的方法訓練孩子的想法，孩子如何才能跟父母和諧共存……首先，我們主要想幫助孩子記起他本來的面目。我們要提醒他，他自己就有引導系統；我們要幫助他重新找回自己的力量，明白自己有什麼夢想。很多人會說事情沒那麼簡單：「就算孩子能記起所有事情，他還是無法脫離跟其他人的關係——這些人不記得誕生前的事，也不同意這樣的看法，他們比這個孩子年長，想要控制他的體驗。在這樣的情況下，孩子怎麼找得到和諧呢？」

我們要先回應處在這種情況下的爲人子女者，然後是對父母說話，最後再回應提出這個問題的人：

給孩子的話

你的父母心懷好意。他們只是想幫你做好準備，面對他們一路走來曾經遇到的難關。從他們的行爲看來，他們不僅不記得你本來的面目，也不記得他們自己本來的面目。這就是爲什麼他們的行爲總是小心謹慎。他們覺得自己很容易受傷，也認爲你跟他們一樣。

要幫父母回復記憶，得花費一番脣舌；如果他們沒有問，我們說什麼，他們都聽不進去……很有可能在他們提問、傾聽和記起來之前，孩子都長大搬出去了。

如果你願意問、願意聽（不論你幾歲了），我們要告訴你一件最重要的事：不管別人對你有什麼看法，都不重要。你的想法才是最重要的。如果你願意讓別人對任何事物，甚或對你，要怎麼想就怎麼想，那你的思緒就能保持穩定，不偏離你本來的面目；不論發生什麼事，你都能自在喜悅。

當你聽到這段話，並且記得你是握有力量的創造者，想要體驗對比的事物以幫助你決定你現在想要什麼，如此一來，你對於別人的遺忘會更有耐心。萬物皆會回應你和你的感受，把這件事記在心裡，你就能夠控制自己的感受，你會看見來自許多不同地方的合作效力，幫你掌控自己的體驗。

當你孤單一人，想起跟父母之間發生的問題時，只會招來更多的痛苦。如果在一個人的時候，你能想些更令人開心的事情，就不會招來更多的痛苦。有時候，對於別人對待你的方法，你比你想的更有控制力。愈不去想痛苦的事，碰到的痛苦就愈少。愈不去想父母想要控制你，他們就愈不想控制你。多想讓自己覺得開心的事情，就會覺得更開心。心情變好後，好事就會降臨在你身上。

你覺得父母應該為他們對待你的方式負責，其實不然。他們對待你的方式，應該由你來負責。只要你能練習這個思考方式，父母行為上的改變，就是你最好的證明。最棒的是，即使父母沒發現，你也可以讓他們知道，經彼此鼓勵所得到的和諧，比苛求而來的和諧更令人喜悅。

給父母的話

你現在在孩子身上看到愈多你不想要看到的東西，未來你只會看到更多這樣的事情。你從孩子身上引發的行爲，跟你的關連性遠超過跟孩子的關係。其實你和所有人的關係都是這樣，但由於你更在意自己的孩子，你對孩子的意見會對他的行爲產生更大的影響。

如果你能把焦點移開，忽略孩子身上你不喜歡的行爲，不在自己的腦海裡想了又想，不跟其他人談論，也不因此憂心忡忡，那麼那些你不想要的行爲就不會在你的關注下繼續出現。

當某個人或某件事物吸引你的注意時，你有兩個方向可以選擇：專注於想要的，或專注於不想要的。想到自己的孩子時，如果你讓心思專注於想要的，你會看到他們的行爲模式變成你比較想看到的樣子。你的孩子是充滿力量的創造者，他們希望感到喜悅，貢獻自我的價值。如果你不堅持己見，不命令他走另一個方向，他會把自己提升到天生的美善狀態。

處於恐懼、憤怒、挫折的狀態中，你就會從孩子身上引發出你不想要的行爲。

處於慈愛、感激、熱情、愉快的狀態中，你就會從孩子身上引發出你想要的行爲。

孩子並不是爲了討好你而誕生的。
你並不是爲了討好父母而誕生的。

給提問者的話

不要擔心無知的父母導致小孩失去了自由，也不要擔心無知的父母因爲孩子而失去了自由。你要明白，他們都想要得到共同創造的體驗，才能以全新的方式感受自己的願望。他們正在踏出第一步（要求）的體驗，從中他們將繼續釐清他們想要的是什麼。

孩子感受到父母的控制時，會生出以下的願望：

……希望有更大的自由。

……希望受人讚賞。

……更敬重他人。

……希望獨立。

……希望有擴展的機會。

……希望有表現卓越的機會。

控制欲強烈的父母，會生出以下的願望：

……希望享有更多的自由。

……希望體驗更多的合作。

……希望孩子過更好的生活。

……希望孩子準備好面對他總有一天要踏入的世界。

……希望被了解。

也就是說，這種共同創造的對比體驗，讓所有參與其中的人投射出更多的願望，振動頻率也跟著擴展到這些新領域。如果出現負面的情緒，原因只有一個：他們還沒有隨順擴展。他們目前無法接受生命帶來的轉變；父母和孩子都把另一方當成自己無法隨順轉變的藉口……在出生前，你非常喜愛對比的關係，因爲對比才能讓你擴展，不論何時，只要你允許自己追上擴展，你就會感激讓你擴展的掙扎體驗。

吸引力法則對家務事的處理有效嗎？

傑瑞：要用什麼方式，一家人才能和諧地分配家庭中的責任，參與家庭的活動，同時維持自由的感覺呢？

亞伯拉罕：說到責任，你們一般是指行動，我們當然明白，要維繫和管理居家的環境，有很多行動責任需要大家一起來分擔。我們也明白，對大多數人來說，有一定的家事需要做好，也有一定的人必須共同分擔，那麼建立一套行動的規則似乎很合乎邏輯。在這種情況下，通常會發生的問題是，分配家庭活動的人多半是根據自身的不平衡來分配工作——他們的不平衡並非來自工作量的不平等，而是他們覺得自己做的事情超出他們心中公平的分配量，因而覺得氣憤，或因為別人做事的方法跟他們想要的不一樣，而覺得很挫折……雖然我們要討論的是維繫家庭秩序的行動，但應該要先達到個人的頻率一致。

這讓我們來到另一個錯誤前提：

錯誤前提7：只要夠努力，夠認真，什麼都能做得到。

當你的振動頻率和想要的結果不一致時，再多的行動也無法達到目的。如果你不想辦法和自己眞正想要的東西達成一致的振動頻率，反而透過行動來抵抗或修補眼前的問題，吸引力法則就會帶來一連串問題，你將永遠無法擺脫。如果你把注意力放在問題上，吸引力法則帶來問題的速度，會比你能解決的速度快得多。如果你只注意到亂七八糟的環境，吸引力法則會帶給你更多混亂、困擾和問題，你根本來不及處理。

簡單來說，吸引力法則在回應你的振動頻率時，所發出的力量一定遠超過你以行動所能追上的速度。你只會原地踏步。讓生命或家庭（或你的關係）回歸秩序，只有一個方法，就是發揮頻率一致的驚人力量。當你做到了，原本的難題就能迎刃而解。

你一直覺得事情沒做完、家人不夠合作，但除非你能放棄這種想法，否則永遠無法從其他人身上得到能給你良好感覺的合作關係。你必須放開掙扎，把注意力放在你想要的結果上。你必須先找到相應的覺受（feeling-place），也就是關係良好的家，整理得井井有條且感覺很好，然後你才能激發其他人的行爲。你生命中的人一定都能帶來你所期望的。毫無例外。

很多人告訴我們，他們認為負面的期望是來自負面的行為，而不是負面的行為來自負面的期望。「我並未預期兒子會拒絕去倒垃圾，直到他一而再再而三地拒絕，我才產生負面的期望。」你把負面的感覺歸咎於其他人的負面行為，就會發現自己進入了無止境的循環。但是，如果反過來，你控制自己的情緒，思索比較好的想法，因為這樣讓你感覺更好，你就會發現，不論負面的浪潮從何而起，你都能扭轉乾坤。雖然你無法控制其他人的振動頻率（或者這裡指的是他們的行動），但你能夠控制自己的想法、振動頻率、情緒和吸引力。

萬一我們的利益有所衝突怎麼辦？

傑瑞：有些人的關係曾經很和諧，但後來彼此的利益出現變化，現在他們常常意見相左，在信念或願望互相衝突的情況下，怎麼找回和諧呢？

亞伯拉罕：這個問題帶我們看到另一個錯誤的前提：

錯誤前提8：想要享有和諧的關係，我們必須擁有一致的願望和信念。

在一般的情況下，人們很努力地對抗許多不想要的東西，他們相信，當他們碰到擁有同樣信念的人，彼此攜手合作對抗一樣的東西，他們就能夠找到和諧。但問題在於，當他們只注意到不想要的東西時，跟自己的願望就無法達成和諧，跟無形的自我也無法取得和諧（無形的自我跟願望一定能保持和諧）。因此，在對抗不喜歡的東西時，他們基本的存在狀態不和諧到了極點。雖然他們和其他一同對抗同樣想法（或敵人）的人具有一致的意見，卻離和諧還有一大段距離。

你一定要在有形的你和無形的你之間找到和諧，才能在其他地方也找到和諧。當有形的你和無形的你一直保持和諧的狀態時（也就是我們所謂隨順的狀態），就算你和別人意見不一致，也有可能享有和諧的關係。事實上，這就是最適合擴展和喜悅的環境：多樣化的信念和願望，但和本源保有一致的振動頻率。

兩人的關係通常在一開始時比較好，因爲那時候你們都在尋找自己想看到的東西。因此，剛建立關係時，你通常懷抱著比較正面的期望。而且，尋找正面的觀點是個有力的工具，能幫你找到自己的和諧，和自我享有一致的頻率。一開始的時候，兩人或許都覺得那美好的感覺來自你和另一人一起發現的和諧，但事實上，你是藉由另一個人去尋找與本來的面目的和諧關係。

內在的本源只看得到同伴身上正面的觀點，只要找到正面的觀點，你就和自己本來的面目享有一致的振動頻率。

如果其中一個人不想結束關係怎麼辦？

傑瑞：但萬一你的願望眞的和伴侶的願望差很多怎麼辦？萬一其中一個人決定要終止關係，另一人卻不肯呢？

亞伯拉罕：我們明白，這個問題看起來像是兩個人抱持「不同的期望」，但實際上，你們雙方內心都有一個深切的願望：想要有更好的感覺。一個人認爲想要讓自己感覺比較好，分手是最有可能達成目標的途徑；而另一個人深信，在一起才會更幸福。

我們要舉出另一個錯誤的前提，好進行相關的討論，基本上這個錯誤的前提就是這個問題令人困擾的重要原因：

錯誤前提9：想要得到喜悅，必須透過行動。當我覺得不開心時，採取行動，才能有更好的感覺。我知道是什麼原因造成我感覺不好，我可以離它遠遠的。一旦遠離問題，我就會覺得更好。只要脫離了我不想要的東西，我就能得到想要的。

一段關係所帶來的美好感受，和你們在彼此身上找到的和諧沒有關係（現在這個和諧可能也已經消失了），而是因爲你和你本來的面目達成一致的振動頻率。的確，不要把注意力放在不想要的東西上，你就更有可能和自我享有一致的頻率。所以，如果周圍有一個讓你感到開心的人，他可以吸引你正面的注意力，同時不會破壞你的頻率一致。但是，相信另一個人會「讓」你快樂，是不正確的想法。快樂是你自然存在的狀態。正確的理解是，你因爲這個讓你快樂的人，而使自己的注意力不會遠離本來的面目；當你處在不快樂的狀態中，或許是因爲眼前這個讓你覺得討厭的人，使你的注意力遠離了本來的面目。

當你發現，除了你之外，沒有人要爲你的感覺負責，你才能眞正感到快樂。如果你相信別人要爲你的感覺負責，你就眞的受到了束縛，因爲你無法控制別人的行爲或感受。

想把自己從不喜歡的事物中抽離，是很自然的事，但是在納入型的宇宙間，這是不可能的。當你把注意力放在不想要的東西上，你的振動頻率就會趨向你不想要的東西，然後你就無法逃開了，因爲吸引力法則的力量比你所能採取的任何行動更強大。

離開令你覺得不快樂的情況後，吸引力法則會帶來另一個同樣讓你覺得不快樂的情況，速度通常相當快。你無法逃開。要到達理想中的目的地，也就是一個讓你覺得更好的地方，你必須讓有形的你和無形的你保持一致的頻率。

花三十分鐘調整能量的頻率

每晚上床睡覺前做好準備，第二天就能以一致的能量享受美好的一天：找出身旁值得讚美的東西，例如床鋪、床單和枕頭。然後專心想著，你要好好睡一覺，起床後疲勞盡除。第二天早上醒來後，多花五分鐘時間躺在床上感激周圍的事物，然後刷牙洗臉吃早餐，讓自己更有精神。接著靜坐十五分鐘，讓心靈沉靜下來。感受內心的抗拒慢慢消失，感受振動不斷增強。然後睜開眼睛，用五到十分鐘的時間列出生命中令你覺得感激的事物。

以這個方法調整能量，所產生的吸引力除了能夠讓你有機會碰到令你感覺美好的人事物，也能增強你的力量，讓你體驗箇中奧妙。你不需要爲了讓自己覺得很好，而刻意去做某些事或去某些地方，不必刻意追求良好的感受，而是要讓好的人事物來到你眼前。一旦你和本來的面目達成一致的頻率，有可能你會被吸引到不同的關係裡。但也有可能，你目前的關係是根據你一開始的振動頻率吸引而來的，而現在你的振動頻率改變了，關係也會重新建立。

如果你從頻率幾乎一致的地方進入目前這段關係，就很有可能找到相應的覺受。如果你爲了逃離討厭的東西而進入目前的關係，那麼這段關係的基礎大多是建立在你不想要的東西上，而不是你眞正想要的東西。

不論如何，先讓自己有好的感覺，再採取行動，這才是最好的做法；當你覺得很糟糕的時候，就無法採取能夠解決問題的行動。

我會找到眞命天子/眞命天女嗎？

傑瑞：眞的可以找到一個「完美的伴侶」嗎？如果這是眞的，你們有什麼建議，可以教我們怎麼找到那個人？此外，你們對所謂的「靈魂伴侶」有什麼看法？每個人都能找到心靈相通的理想伴侶嗎？

亞伯拉罕：一生中，由於各種人與人的互動，你會找到別人身上最吸引你的特質；你也發射出愈來愈多跟這些想要的特質相關的願望。也就是說，你在自己的振動實相中，一點一滴地創造出你心目中完美伴侶的形象。但在找到完美伴侶前，你一定要變成跟那個願望相符的振動頻率。

如果你因爲還沒找到伴侶而覺得寂寞或受挫，你就跟自己的振動實相不符，遇見伴侶的機會也會受阻。嫉妒別人享有甜蜜的關係時，你就跟自己的振動實相不符，遇見伴侶的可能性也會受到影響。如果你把過去不愉快的關係牢記在心裡，以此爲警惕，認爲自己想要或需要一個更好的人，你的振動頻率就變成跟你不想要的東西一致，你想要的會更慢出現。但如果你能把自己帶到一個持續感覺萬物都很美好的地方，即使你想要的關係還沒開始，你也一定會碰見理想伴侶。事實上，這就是法則。

所謂「完美」的伴侶，表示那個人符合你一切的願望，但找到伴侶則取決於你是否能先符合這些願望。如果你覺得這樣的人不會存在，你就找不到完美的伴侶。你必須找到一個方法，改變「找不到伴侶」的振動頻率。

同樣的，從你當下的各種體驗中，你一直發射出新的願望——在誕生前，你從無形的制高點發射出和有形體驗有關的願望。有時候這些願望或意念的確包含了特定的事物，例如有創意的特質或才華、你想做的某些事情，或某些你希望能夠一起共同創造的人。「靈魂伴侶」就是這樣的人。但我們通常會輕忽「靈魂伴侶」這個想法，就像很多人提到這個說法時的態度，因爲說眞的，和你共享這座星球的人，或多或少都是你的靈魂伴侶。你想要的歸屬感，你和某人在一起時心花怒放的開心感受，其實並不是那個人帶給你的，而是有形的你和無形的你建立連繫後產生的作用。我們覺得靈魂伴侶應該是你和你的靈魂、本源、內在的自己或自我緊密配合，建立連繫。當你在有形的時刻，振動頻率能夠跟內在的自己互相符合，你就已經找到了靈魂伴侶。如果能保持下去，受到你吸引而來的人，本質上就跟你想要的完全吻合。

想一想，你希望從關係中得到什麼，還有爲什麼你想要這些東西。看看身邊享有良好關係的人，爲他們感到欣慰。想想那些曾跟你在一起的人，列出他們的優點……事實上，要讓自己擁有一段滿意的關係，最快的方法就是找到會讓你一直感覺良好的東西，即使它似乎和關係沾不上邊，也要把注意力放在這個東西上面。

當你記得你已經以振動頻率創造出完美的關係，而且一切美好的關係都在振動實相中等著你，你現在要做的，就是不要發射出相反的振動頻率，則完美的關係一定會來到你眼前，而且很快。爲什麼你還沒碰到完美的伴侶？最重要的原因，是你注意著自己還沒，找到伴侶，並且因此覺得不自在。要常常提醒自己，你已經完成該做的事了，你釐清了你的願望，你發射出自己的願望，本源會看著這些結合在一起的願望，吸引力法則會帶來適當的環境和事件，讓你能碰到完美的伴侶，而你現在唯一要做的，就是不要再做會妨礙你遇見完美伴侶的事。當你因爲找不到伴侶而覺得不自在時，你一定會感受到負面的情緒。覺得寂寞、想發脾氣、沒有耐心、灰心喪志或滿心嫉妒時，你們見面的契機就被延後了。

如果我們是你，我們會提醒自己，我們已經開出明確的條件，也已經提出要求。我們知道創造已經完成。做好了！然後我們之所以想起這件事，只是因爲想起來的時候會覺得很開心。想起的那一刻令我們快樂滿足，沒有對立的能量；你的振動頻率純粹且充滿力量，你的創造能夠毫無障礙地輕鬆流動。

如何才能找到完美的事業夥伴？

傑瑞：在尋找事業夥伴時，你會找一個有傑出能力和特殊技能的人，還是會找個跟你的整體目標能夠配合的人？

亞伯拉罕：我們想給你完整的答案，但首先這個問題讓我們看到了另一個許多人相信的錯誤前提：

錯誤前提*10*：我無法獲得我想要的所有東西，所以我得放棄一些對我來說重要的東西，才能得到其他的東西。

在你體驗過的各種關係裡，有些人的特質讓你感到愉悅，有些人則讓你反感，如此就不難理解，爲什麼你會認爲好的、壞的你都必須接受，忍耐不想要的東西，才能得到你想要的東西。此外，大多數人除了觀察現狀外，並不想費太多力氣引導自己的思維，他們通常會維持這種把注意力放在現狀上的模式，因此得到更多他們所專注的東西，然後專注其上，然後得到更多他們所專注的東西……他們的結論會是，他們無法控制或難以控制跟自己互動的人。

把注意力放在你想要的個人特質上，你就能訓練自己的振動頻率與擁有同樣特質的人達成一致，吸引力法則就不會把你和糟糕的人配對。如果你把注意力放在不想要的特質上，你的振動頻率會逐漸吻合這些糟糕的特質，吸引力法則就再也不會帶給你擁有良好特質的人。

你所謂具有「傑出能力」的人，通常是振動頻率和本來的面目達成一致的人。彰顯出他們「傑出能力」的卓越才智、清楚頭腦和敏銳直覺，都屬於頻率一致的人才有的特質。

不論是事業還是私人生活，想要尋找夥伴的話，我們會找一個能夠和他自己的頻率達成一致的人，如果一個人的頻率和本來的面目一樣完滿，他會有良好的感覺，符合幸福、愛和所有美好的事物……我們認爲，想要找到這樣的人，重點在於你的頻率是否符合你本來的面目，否則你和這樣的人就無法達到頻率的契合……

很多頻率與本來面目不符的人，會把希望放在夥伴身上，希望別人來幫他們改善情況，但這樣的想法原本就不對；如果你的頻率失調，就無法碰到頻率一致的人來助你改善狀況。繞了半天，你還是在原地踏步。

對於這個重要的問題，我們的答案是：有的人是快樂的，他們的技能或許不符合你的需求，對你的業務也沒有興趣；有的人具有你要求的必要技能，可是他們不快樂。我們會找一個看起來很快樂、也有天分的人，而且他的能力要能滿足我們的業務需要。簡言之，當有形的你和無形的你能夠契合，你就會覺得很快樂，你想要追尋的東西也會來到你眼前。

誰最有資格治理我們？

傑瑞：談到政府，你們覺得在眾人之間，誰最有資格制定人類生活的條件、規則和法律？

亞伯拉罕：你的問題帶我們回到稍早提到的所謂對的生活方式和錯的生活方式的錯誤前提，因此你所謂的社會，其目的在於找到正確的生活方式，說服所有人同意或遵循這種「對的」方法。

人類的差異性非常重要，也非常有益，因為多樣化就是所有新想法和擴展的源頭。少了差異性，人類容易自滿，也會帶來滅亡。

我們要再討論一下這個錯誤的前提。假設地球上所有人都已經達成一致的意見。假設說，透過說服或強迫，全世界的人都已經同意某種生活方式是最好的。但每天都有新生兒誕生，他們的判斷力來自充滿力量的無形制高點，而且他們尋求差異性。這是個完美的過程，少數人（誕生）來到你們的環境中，少數人（死亡）離開這個環境，而大多數人都還在，提供連貫性和穩定性。

當你們體驗生活時，你們從個人和群體的角度發出持續的振動要求，希望在這個地球上能有更好的生活；你無法阻止這些振動要求，不論個人的或群體的，而且宇宙會持續地回應眾人發出的要求。

我們剛才提到那群穩定的人口，他們通常會頑強地攀附著少數幾個信念（出於對現狀的關注），卻也因爲這些信念而無法享受他們所尋求的改善所帶來的好處……但想法根深柢固的老一輩紛紛凋零，思想開放、充滿熱情的新一代陸續出生。因此，生命從你那裡召喚出來的要求，也不斷得到愈來愈好的回應。

很多人認爲，某些意識形態更容易促成美好的生活，也更適合提供引領、制定法律，以及決定更好的生活方式，所塑造出來的生活令人歡欣滿意。但在你們的地球上，還有更不可忽略的一項要素：你們有幾十億人，活出了完美的多樣性，你們不斷尋求改善，也爲下一代塑造更美好的生活體驗。如果你們明白這一點，再也不吵鬧要求「一種對的生活方式」，就能立刻看到大幅的改善。

你問說：「在眾人之間，誰最有資格制定人類生活的條件、規則和法律？」

答案是：你們就是最有資格制定標準的人。但不用擔心，你們會一直發出要求，本源也從不停止回應。就在此時此刻，你們再也不抗拒自己的要求（也就是把注意力放在相反的東西上），你們想要的就會立刻出現在生活體驗中。也就是說，如果你們專注於政府或領導人士令你們覺得開心的事情上，在生活中，你們就不會抗拒已經選擇的事物。但如果某件事令你困擾，讓你一直想要反抗，你會因此抗拒選擇的事物。

對政府和他人心懷感激；這麼做，就能接納已經爲你們準備好的興旺發達，然後靠著自己的力量，繁榮就會來到你們眼前。你們自己的生活已經制定了標準，而強大的吸引力法則最有資格把這些標準呈現出來，沒有例外。

完美的政府型態

傑瑞：那麼，你們覺得地球上的人類該有什麼樣的政府型態？

亞伯拉罕：政府應該要給你們自由，你們可以成爲自己想要的樣子，做自己想做的事。唯有了解你們如何得到現在所得到的東西，那個時刻才會來臨。你們看，政府主要是由規則和規章組成，制定這些規則規章的主要目的則是爲了保護你們不被其他人侵犯。當你們能夠明白思維會帶來什麼樣的東西，你們對限制的需求就會降低，政府也能回歸成立的目的，把重心從限制或控制轉移到提供服務上。

我們跟動物的關係

傑瑞：你們會如何描述我們跟動物的關係？

亞伯拉罕：你們和動物共享這個地球，一定要記住，牠們跟你們一樣，來到這個環境時也是本源能量的延伸。也就是說，動物跟人類一樣，也有內在的自己或本源的觀點，跟人類一樣，有形的觀點與本源的觀點出現歧異時，牠們也會陷入抗拒的狀態。然而，地球上的動物比較不常處在抗拒或隔絕的狀態中。不同於人類，牠們一直都和本源保持連繫，振動頻率也符合更廣的角度。

人類看到與更廣的角度振動頻率一致的動物時，多半會說這是牠們的「本能」。人類所謂動物的「本能」，在我們口中就是動物「與更廣的角度頻率一致的狀態」。

環顧四周，你可以看到很多動物和牠無形的自己保持一致頻率的證據，因此你會認爲這是動物的行爲或「本能」，但其實你看到的，是牠們因爲不抗拒，所以能進入更廣的角度，牠們對更大的視野一直了然於心。

創造過程的三個步驟

創造的過程有三個步驟：

- 第一：提出要求（生活體驗中的對比促使你提出要求）。
- 第二：回應（這不是有形的你能做到的，而是來自無形的本源能量）。
- 第三：隨順（你必須符合願望的振動頻率，不然即使答案就在眼前，你也無法將其融入生活體驗中）。

當人類和動物從無形進入有形時，各自懷有不同的目的。人一生下來就跟第一個步驟脫不了關係：集中注意力，探究時空中的對比，發出要求（更好的生活體驗），這個願望會變得愈來愈清楚。動物則一出世就開始第三個步驟：和更大的視野保持一致的頻率。人類來到地球上，就是要透過更具體的目的從事創造。動物的創造成果沒那麼獨特，也較不可能探究對比和做出決定。簡單來說，人類的創造力比較強，動物的隨順力比較高。這是天生的傾向。

雖然動物也有對比的體驗，也會發射出振動頻率，希望改善現狀，但牠們比人類更符合更廣角度的頻率。而積極地探究對比（如人類所爲），專注引導思維和更大的視野維持和諧，同時體驗積極創造的益處，這就是隨順的藝術。在地球上，動物是彼此和人類重要的食物來源，但牠們帶給地球生命最高的價值，則在於牠們提供的頻率平衡，因爲牠們是本源能量的延伸，也和那股能量保持明顯的一致頻率。人類和動物形成完美的組合。

我們影響得了動物嗎？還是只能控制牠們？

傑瑞：人類能影響地球上其他的生物嗎？還是只能控制牠們？以馬兒爲例，馴服和控制就不太一樣。

亞伯拉罕：不論是想要控制別人的人，還是受別人控制的人，都不會覺得滿意，因爲控制和受制對人和動物來說，都違反本性。不去控制其他的人事物，就能符合本源的振動頻率，也可以體驗到和別人和諧共同創造的感覺。不論是人或獸，天生就有自私的本性，而且想要滿足這本性的欲望永不消退。也就是說，當你和內在的本源達到完全一致的頻率時，就會體驗到更廣的視野所帶來的好處，則控制他人就不是你求生存或幸福的必要手段。在頻率一致的狀態中，你們一定會被引領到某個地方，那裡有你夢寐以求的幸福。只有頻率不一致的人才會想去控制別人。

在頻率一致的狀態中，你的振動頻率跟你的目的不會互相矛盾；矛盾消失後，在頻率完全一致的有力情況下，吸引力法則會吸引來與你目的一致的東西。這就是所謂的影響力：在保持良好連繫的狀態中，你的影響力非常深遠，只有相反的振動頻率才會減弱你的能力。

能夠發揮強大的影響力，並不代表你能讓某人停止做他想做的事，轉而來討好你。其中的意義在於，你跟自己的目的沒有矛盾，因此能發射出有力的振動信號；吸引力法則會立刻把符合信號的人、環境和事件帶到你眼前。和你互動的每個人都有無數的目的；在所有目的的核心都能找到純粹且正面的能量。因此，在頻率一致的狀態中，你可以和它們眞實的本質產生共鳴。把注意力放在一致的頻率上，就是保持影響力的最佳途徑。

動物會憑藉本能走向能提供益處的東西或人，遠離無法提供益處者。

有形的我和無形的我之間最理想的關係是什麼？

傑瑞：你們會如何描述我們當前的存在和無形的智慧之間的關係？又如何描述兩者之間最理想的狀態？

亞伯拉罕：這是個很重要的問題，事實上，這本書就是以這種關係爲基礎。你和本源之間的關係是一切關係中最重要的，除非你能了解這種關係，否則無法了解其他的關係。

進入有形的身體後，你很容易就會察覺到你跟其他人的不一樣。當你和周圍的人開始交流時，你把「我」跟「你」分得很清楚。同樣的，你也把「神」或「本源」或「無形的」視爲是和人類分開的。

你把注意力投入有形的身體，但你同時也是「本源」的延伸，這裡最重要的是，雖然你已經進入有形的身體，但本源認爲你和本源仍爲一體。讓有形的你脫離內在的本源，讓兩者無法融合以及達成一致的頻率，一定是來自有形的觀點和行爲所造成的，而不是本源的觀點或行爲。

本源或內在的自己（你可以用任何稱號來指稱那無形的自己）了解有形的你和無形的你之間的關係永恆存在。本源也了解你和地球上其他生物之間的永恆關係；我們會在本書其他地方再詳細討論這個主題。

所以，在這本以關係爲主題的書裡，我們要你用這個重要的方法，重新定義你跟無形的智慧之間的關係。通常，當你想到兩個人的關係時，你會覺得兩個人是獨立的個體，透過行爲和別人產生互動。但我們要你了解，你並未脫離本源，而是本源的延伸，我們也要你感覺到你跟無形的自我能否保持一致的振動頻率：當你現在的思緒跟更廣的視野完全調和時，我們希望你能明白察覺到自己對更廣的視野了解得非常透澈，讓你覺得充滿活力、思緒清晰、滿心喜悅；當你覺得困惑或憤怒，或莫名的不安，我們要你知道你的思緒已經不符合更廣角度的觀點了。

「人類」和「無形的智慧」之間的關係是你的引導系統。

「人類」和「無形的智慧」之間的關係是一切萬有的擴展。

「人類」和「無形的智慧」之間的關係，從本源的觀點來看，永遠不會分離。

「人類」和「無形的智慧」之間的關係，從有形的角度來看，非常多變。你的感覺愈好，連繫或關係就愈完整。你的感覺愈差，連繫或關係就愈破碎。

你的問題直達本書的核心主旨，以及當你進入有形的身體時，你所懷有的目的：你是本源能量的延伸，你知道你會探索對比，除了自己之外，也讓萬事萬物得以擴展。你知道，不論什麼時候，即使當你在探索未知的領域時，來自內心的引導也不會動搖，反而會持續發出幸福的信號，只要你向前走，隨時都能找到幸福。你知道不論發生什麼情況，你都可以藉由「感覺」找到回歸本源力量的路；了解有形的你和無形的你並未分離，仍保有一致的頻率和共鳴……當你精通隨順的藝術，你就能和內在的本源持續享有同樣的頻率，所有的關係都會帶給你益處，讓你覺得開心。

萬一工作環境不盡如人意怎麼辦？

傑瑞：亞伯拉罕，如果有個人擁有一份他很喜歡的工作，但他的上司卻是專橫不講道理的人，你們會建議他換工作嗎？還是有更好的解決方法？

亞伯拉罕：這個問題帶我們看到另一個錯誤前提：

錯誤前提11：如果能離開不想要的環境，就能找到想要的地方。

當你把注意力放在某樣東西上，你就發出了振動頻率，注意力持續一段時間後，你的內在也會產生同樣的頻率。切記，當振動頻率在你內心活躍時，就算你採取實際的行動，離開不喜歡的地方，但它仍在你的體驗中。說得更清楚一點，就算你採取行動離開，也沒有足夠的力量來抵抗思維的吸引力。

當你用不講道理或專橫等強烈的字眼來形容共事的人，毫無疑問的，這個你不想要的情況已經持續了一段時間，你心中的思維模式也已經發出了反抗的振動頻率，你產生的吸引力也相當強大。就算你採取行動，讓自己脫離這個環境，也許是去找另一份工作，或者是請調到其他部門；但是不管你去哪裡，你都脫離不了自我。

採取離開的行動並不表示你的振動模式改變了；就算你現在看不到前上司討人厭的特質，但通常爲了證明自己有正當的理由換工作，你會不斷回憶起之前的經驗，拿它當作解釋的理由，結果這個振動模式也留了下來。

在這段令人煩擾、受到壓迫的關係中，其實你得到了無法言喻的價值，即使在當下很難看得出來。經歷不愉快的時刻，你很清楚自己不想要受到那種對待、你不希望自己的工作變成那樣、你不想要別人貶低你的價值、你不希望別人不尊重你、你不要受人誤解；在這些體驗中，你發射出內心的願望：你眞正想要的東西、眞正想要別人對待你的方法。也就是說，這些令人不愉快的體驗變成了基礎點，讓你得以擴展，改善你的生活體驗。

每當發生什麼事情，導致你發射出願望時，無形的你（也就是你的本源或內在的自己）就會跟著願望狂奔、隨之擴展，讓你能夠享受更美好的體驗。唯一的問題是：你和擴展的關係爲何？你想像更好的體驗，感謝帶來擴展的對比？你是否以樂觀的心情期待在工作環境中增進生活體驗？抑或你只是繼續談論過去經歷的不公平，讓你的振動頻率無法符合擴展後萌發出來的新關係？

當負面情緒出現時，表示你的生命出現了擴展，而你無法隨順發展。每次都是如此。沒有例外。意思是說，不管你認爲負面情緒的起因是什麼（我們當然明白你爲什麼要爲負面的感覺找到正當的理由，因爲如果幫負面的感覺加上一些正面的解釋，說不定會感覺好一點），你的負面情緒表示你無法隨順自身的擴展。就是這樣。

如果那位討厭的上司沒有激起你的願望，使你擴展進入不同的事物，你就不會因爲抗拒擴展而覺得不自在。對你來說，這裡有一個更好的解決辦法：和你所面臨的境遇和平共處，承認這個討厭鬼幫你看清楚自己希望得到別人怎樣的對待，以及你想要對待其他人的方法；你要找出這段關係的益處，而不是一直去抗拒不想要的地方；這比你想的更簡單，只要冷靜下來，告訴自己上司其實不是壞人，抗拒的力量就會消失，你也能讓自己朝著新的擴展方向前進……如果生命促使你尋求改善（不論是哪一方面的改善），你也不再發出跟願望互相牴觸的振動頻率，那麼你的願望就會在眼前實現。要得到你想要的東西，你就不能讓自己的振動頻率一直專注在你不想要的東西。這違反了吸引力法則。

要如何「心想事成」呢？

傑瑞：你們說過我們能得到自己想要的東西，但萬一其他人也都想得到自己想要的，人人都能如願嗎？怎樣才不會互相衝突？

亞伯拉罕：這裡必須先解決一個很嚴重的錯誤前提，你才能明白我們對這個重要問題提出的解答：

> 錯誤前提12：資源有限，欲望無窮。因此，當我的願望得到滿足時，就會剝奪了其他人的資源。富足、資源和答案早已存在那裡，就等你去發現；如果有人捷足先登，其

他人的機會就減少了。

許多人認爲富足、資源或解答是被「發掘」的，但我們希望你們能了解，它們是被「創造」出來的。體驗生活讓你有了願望，希望能變得更好，你要求變得更好的振動頻率成爲動力，開展了吸引的過程，實現變好的願望。在經歷生活時，你並非只是去發掘更多的利益，而是去創造利益。

很多人不了解共同的資源會不斷演化和擴展，不斷接受新的創造，所以他們無法實現自己的許多願望。如果你不了解這個地球上的創造過程，以及你在擴展中扮演的重要角色，你就會跟這些人一樣，因爲以上的誤解而感到匱乏。

競爭的感覺就是來自這個錯誤前提。你的誕生並不是爲了爭奪地球上的資源。你來這裡，是爲了創造。如果你的時空實相能夠激發出你內心的願望，我們向你保證，你的時空實相一定也有能力彰顯並達成這些願望。你誕生前就知道這件事了；等你清楚記起來，好好地加以運用，你就能幫自己爭取到最多的資源，也就是本源的清澈、知識和能量。世界上其實只有一種匱乏；你若能明白，匱乏都是自己加在自己身上，那就太好了。

因此，你跟同在這地球上的人並不是競爭關係。他們無法從你身上奪走什麼。事實上，因爲其他人的存在，你才更有能力去接納，透過人類互動的過程，你的願望才會被激發出來。除非你跟願望的振動頻率不一致，否則你所有的願望都可以得到滿足。感到競爭或匱乏，或覺得資源有限，表示你的振動頻率不符合自己的願望。

法律合約會扼殺創造力嗎？

傑瑞：你們鼓勵我們要了解自己當下的情緒，以便做出最好的選擇。但我們要如何「活在當下，盡情創造」，同時又能進入具有法律約束力的長期關係或合約呢？

亞伯拉罕：或許你正專注於眼前的情況，它要你現在就思考並採取行動；或許你正在想未來、甚至過去的事——你此刻正在這麼做。你因此發出振動頻率。也就是說，當你想到某件事情的時候，你現在的感覺就會影響到它未來的發展。因此，如果你在每個當下都能察覺到自己的感受，你也很希望自己一直感覺很好，你就會專注去調整目前的想法，以符合內在的自己的想法，這麼做，除了快樂的時刻會愈來愈多，你思索的每一件事都會因爲你和本源一致的想法而獲益。

「如果你覺得某件事眞的很不錯，接下來的變化也會繼續讓你感到開心。」有時候人們不同意這個說法，因爲有些一開始讓人感覺很快樂的關係，最後卻變了調。但如果你記得，把注意力放在某件事物上，你當下的想法就會影響它，那麼你就能了解，從覺得關係不錯到關係惡化的這段時間裡，你的思緒通常會移向你不想要的東西，而不是你眞正想要的。有時候，在快樂的開始和不快樂的結束之間，你的想法持續轉向不想要的東西，而你會體驗到這種想法帶來的負面情緒。讓自己專注於這段關係正面的地方，才能源源不絕地產生良好的感覺。你不可以讓「當下」的感覺移到不想要的東西上，否則你所關注的對象會受到負面的影響，不論現在或未來的關係都無法感到快樂。

很多長期的合約一開始的用意是爲了預防未來出現不想要的結果，但以這樣的方式開始一段關係，絕對不是良好的基礎。當你了解專注意念的力量，就不再需要預防，取而代之的是持續的幸福感受，且歷久不散。

如果你目前的情況或政府的法律規定，要求你訂定有約束力的長期合約，你只要記住，就連這些合約也有改變的可能，那麼你還是可以維持平衡和一致的頻率，也就是自由的感覺。比方說買房子，可能要訂下二十年或三十年的合約，但之後如果你想要的話，還是可以把房子賣掉，終止合約。很多人簽訂了「至死方休」的婚姻關係契約，之後則以「離婚」來終止這些關係。

利用思維的力量，努力讓你的振動頻率符合擴展後的生命（也就是你誕生的目的），那麼不論你現在在哪裡，你都能到達你想去的地方，明白這一點，感覺會豁然開朗。

爲什麼問題一直無法解決？

傑瑞：我認爲接受心理治療的人都想要解決或修復特定的問題，但這些問題通常會繼續纏擾他們多年。爲什麼會這樣？爲什麼他們的痛苦無法消除？

亞伯拉罕：因爲每一刻都是全新的體驗，不論何時，當下的構成要素都不斷在變化，跟前一刻的完全不同。沒有任何東西能維持不變。萬事萬物一直在變動，但思考模式積習難改，所以就算事情不斷變化，也只會變得愈來愈像。

苦思過去的問題，就不可能創造出更美好的未來。因爲這麼做違反了法則。執著於過去或現在的問題，就無法迎接未來的解決方式。只注意過去或現在的問題，未來一定會面臨更多的問題。

接受治療時，如果討論到生活體驗中不想要的東西，可以幫你更明白你想要什麼樣的改變，這就是治療的價值。但發掘了不想要的東西以後，如果還繼續討論不想要的東西，只會讓你陷入不想要的吸引力模式。然而，如果你清楚察覺到自己到底想要什麼，就會把注意力轉移過去，生活也一定會出現改善。

問題和解答的振動頻率相去甚遠。問題是一種振動頻率，答案則是非常不一樣的頻率。經歷了不想要的體驗，你會發出想要改善的願望，你內在的自己現在專注於改善狀況；當你和內在的自己思維一致，振動頻率也符合那個願望時，你就會覺得情緒變好了，而改善的狀況也會進入你的體驗中。但只要你繼續擊鼓鳴冤，抱怨不公平，思索你不想要的東西，你就會離你的願望愈來愈遠。

對於有需要的人，我們能做些什麼？

傑瑞：看到朋友陷入困境，生活不順利，或得不到他眞正想要的東西，我們該怎麼幫助他？也就是說，我們要如何成爲他人的助力？

亞伯拉罕：朋友或許因爲自己的處境而感受到負面的情緒，或者你因爲發覺到朋友的處境而感受到負面的情緒，不論如何，你們兩人的頻率都不符合更大的視野。你感覺到朋友面臨困境，對他來說的確不利，因爲你讓問題的振動頻率變得更強了，導致問題更加嚴重。而如果朋友一直跟你討論負面的問題，你就更加感覺到問題的存在，當你把注意力放在他的問題上，你能幫的忙就愈來愈少了。

在這個充滿對比的世界，一旦你對問題投以關注，一定就會引發要求解決方法的振動頻率，這些解決方法也一定會來到你眼前。因此，藉由討論問題，實際上你可以增強朋友要求解答的力量。但他不需要你幫他放大問題，以增強他的要求。這是宇宙的對比所提供的自然過程……不需要爲了得到解決方法而刻意去激起問題。

除非你能把注意力放在解決方法，專注於他想要的方向，或者你希望他改變的方向，否則你無法提供適當的協助給陷入麻煩的朋友。如果你決心要享有良好的感受，也能夠幫助朋友把注意力放在更好的方向上，你就能發揮強大的影響力，幫助他變得更好。也就是說，專心尋找解決方法時，你就和你內在的自己與他內在的自己連成一氣，吸引力法則早已召集了所有共同效力的要素。如果你讓自己附和朋友的問題，你的影響力就會變得微不足道，也無法提供任何價值。

還有一點：朋友所遭遇的問題，不只讓他把願望發射到他的振動實相中，由於你和他的關係，以及你的注意力，也讓你把跟朋友有關的願望發射到你的振動實相裡。換句話說，這項體驗讓你開始擴展，如果你不把注意力放在擴展的方向上，如果你不專注於朋友可能得到的改善，你就會牴觸自己的擴展。

你一定要明白，當你爲朋友的困境感到憂心忡忡，並因此產生負面的情緒時，其實是因爲你的關注把你從自己身上拉開了。你的朋友或許是你投入關注的原因，但你與自己的拉扯並非是因爲你的朋友。負面的情緒來自你的關注。

尋找正面的觀點，期待朋友會有好的結果，唯有如此你對朋友才有所助益，因爲不論採取什麼行動，都無法對抗一波又一波負面的注意力。

傑瑞：所以跟別人討論我們的問題或擔心，對自己或別人都不好，是這樣嗎？

亞伯拉罕：的確不好。注意力跟願望背道而馳時，絕不會有好事發生。在充滿負面情緒的對話中，你和對方都會深受其害。

爲什麼有些人會不斷陷入痛苦的關係中？

傑瑞：有些人不斷陷入讓他們痛苦憤怒的關係中，最後甚至結束關係，但他們馬上又開始另一段新的關係，常常卻是重蹈覆轍，爲什麼呢？你們建議用什麼方法來改變這種模式？

亞伯拉罕：你有辦法脫離不想要的處境，不再重蹈覆轍，但你必須不去談論它，不去想，也不去抵抗。你必須擺脫那煩人體驗的振動頻率。要擺脫一個思維或振動頻率，唯一的辦法就是去想別的事情。要避開不想要的事，就要談論想要的事。說出你眞正想要的東西，不要再提起不想要的體驗、境遇或結果。

控制思維會讓人覺得很煩很累，所以要改變思維的方向，最好的方法就是增強想要讓自己感覺良好的願望。一旦下定決心要讓自己的感覺變得更好，你就能夠及早發現負面的吸引力。負面想法剛開始浮現時比較容易驅散，當它的力量愈來愈強時，就比較難以消除。

童年陰影是否注定揮之不去？

傑瑞：很多不好的想法是從小就產生的，換句話說，大人對孩子的思考模式影響深遠，對吧？小孩若從父母身上學到了反抗的思想，這樣的思考模式注定會延續下去嗎？

亞伯拉罕：注定這個說法太強烈了，我們不會這麼說，但小孩確實會受到父母思緒的影響，因爲一個人把注意力放在某件事物上，就會開始發出類似的振動頻率。不過，務必記住，不論你幾歲，你當下所關注的事物，和你內在本源對相同事物的觀點，兩者一定振動相關。

舉例來說，大人不贊同小孩的行爲，對小孩表達責備之意，小孩觀察到大人的不贊同，內心就會發出與不贊同相符的振動頻率。然而，內在的本源同時會給小孩讚賞和認同，因爲不論發生什麼事，本源絕不會收回關愛或發出譴責。絕對不會！所以，大人的不贊同和本源的關愛之間出現振動頻率不一致，導致孩子覺得不一致，感覺就像負面的情緒。當負面情緒出現時，表示本源的觀點和有形的你之間，出現了不同的振動頻率。

當不同的振動頻率出現時，才會產生負面的情緒。也就是說，不論別人多麼不贊同你的做法，除非你注意到他們的不贊同，而且時間長到足以在你的振動頻率中引發同樣的想法，你才會感覺到不協調。大多數父母堅信他們的做法沒錯，他們把注意力集中在他們認爲不對的行爲上，直到他們的注意力足以影響那個不被贊同的對象，也因此引發了孩子內在的不協調。

本源和大多數父母的行爲或做法之間的差異非常明顯：不論情況有多糟糕，本源絕不會收回對你的關愛和讚賞。不論你做了什麼事，本源絕對不會撤回關愛；而意識上已經脫離本源的父母，卻常常想把你的注意力引導到他們認爲你做不好的事情或偏差的行爲上。

你注意到了嗎？孩子很不願意向父母承認他做錯了，尤其在一開始的時候。天生的本能要他們對自己保有良好的感受，即使被別人找到了他們的缺點或不好的行爲。

當你受到影響而偏離，察覺不到自己的價值時，你心中流露出最強大的願望，就是重新建立連繫，明白自己的價值。在宇宙間，最強的驅力莫過於幸福和自我價值的力量。所以，就算你跟大多數的小孩一樣，誕生在一個大多數成人再也無法意識到自己的連結的環境中，可是每次瞥見那個連結，你就聽到呼喚。你也感覺得到。本書最重要的目的，就是要在你心中引發一個自覺的決定——決定要和內在的本源達成一致的振動頻率。

每當他人表達出贊同或不贊同，想要藉此引導或影響你的行爲時……當你想要討好別人，你就會減弱自己的引導系統。如果我們也爲人父母，我們認爲最重要的，就是要孩子們察覺到自己的引導系統，鼓勵他們無時無刻都要好好利用這個系統。因爲我們明白，傳達再多有形的知識還是不夠，如果他們能符合更廣的角度，並一直延續下去，才是最有價值的做法。換句話說，我們絕對不會要你哄騙別人好讓他們喜歡你，因爲這麼做會讓你看不到本源的更大視野，太不值得了。

你的孩子是否很難搞？

很多孩子即使受到他人強烈的影響，仍然可以堅持內在的自己。通常父母和老師會說他們「有問題」或「很難搞」。別人會覺得他們「倔強」和「有學習障礙」。但我們要你了解，決心引導自己，跟隨個人的引導，是人類與生俱來的目的。很多人誕生進入有形的身體時，帶有一個更強的目的，就是繼續連結到更廣的角度，因此周圍的人會覺得，這些孩子一旦下定了決心，就講也講不聽。但其實這是一件好事。

很多人已經社會化，也就是說，他們希望得到別人的認同，通常他們也活得很辛苦，因爲周圍有很多充滿影響力的人，他們無法決定應該要聽誰的話。還有很多人花了多年的時間，努力融入人群、不製造麻煩、得到別人的認同，最後才發現，一切都是徒勞，因爲不管他們再怎麼努力討好別人，不喜歡他們的人總是比喜歡他們的人多。還有，到底誰才能決定什麼才是對的生活方式？

你們正處在一個美好的覺醒時代。就在此時，愈來愈多人清楚體認到自己的價值。有人以爲，只要把不想要的東西推得夠遠，就會只留下想要的東西，但那是不可能的事。就在此時，愈來愈多人發覺，他們長久以來追求的東西並非改變他人的行爲，或改變他們無法控制的外在世界，而是了解自己跟本源的頻率振動關係，他們對此才有完全的掌控。

要怎樣從不和諧進入和諧？

傑瑞：如果你生在一個不和諧的環境中，或者你是一個很討厭自己工作環境的員工，要如何待在這樣的環境中，還能維持正面的生活體驗？

亞伯拉罕：首先，我們會鼓勵你保持低調。意識到不和諧的情況時，盡量不要顯露出來。事實上，你應該盡力忽視不和諧的情況，因爲如果你沒有察覺到不和諧的情況，內心就不會發出相應的振動頻率，吸引力法則也不會繼續帶給你不和諧的情況。

但如果你察覺到讓你不快樂的事，而且把注意力放在這些不公平的事情上，想盡辦法要平息它們，你就會發出一種振動頻率，把你吸進更多不愉快的事情。如果從你的角度來看，你看到了你覺得不對的事情，也公開發表你的想法，那些參與你認爲事錯誤行爲的人會起而反抗你，想讓你相信其實錯的人是你。然後你加以反擊，他們也繼續反抗，爭論愈演愈烈，雙方都找不到長久的解決之道。

出現對抗時，所有涉入其中的人都希望看到問題獲得改善，但通常他們都在努力對抗，以致於就算解決方法近在眼前，他們也看不見。

眼前出現你不想要的東西時，如果你再也無法忍耐，就想辦法逃到其他地方去，但是這麼做並不是長久之道，因爲你之所以離開是來自內心的振動頻率所影響，這表示還有很多類似的情況正要變成你的生活體驗。也就是說，換個地點、換個工作或開始新的關係，都無法改變你所產生的吸引力。

聽起來或許很怪，但要看到改善，進入更好的新境界，最快的方法就是跟當下的處境握手言和。關於眼前的情勢，你要盡力找出最正面的地方，如此一來就能釋放抗拒，迎接更好的結果。如果你老是抱怨當下的不公平，你的振動頻率就只符合你不想要的東西，無法朝著更好的方向前進。這違反了法則。

想要變得更好的強烈願望都是出自令人不愉快的情況，無形的你早就體驗到對比能帶來的好處，你也能從現在開始就接受對比帶來的好處（大多數人都覺得很難，但其實很容易）。一開始或許很難，但盡力而爲，你就知道並不難。

在宇宙所有的地方，人人都想要做到，卻都做不到。下定決心，引導自己去尋求你想要的東西，你就會改變對抗的振動模式，也不會長久留在不想要的處境中。

童年不快樂，長大後也一定不快樂嗎？

傑瑞：所以，孩子會受到父母的負面影響，但這樣的影響會持續到長大嗎？等小孩長大以後，他們是否隨時可以做決定，不讓自己再受到影響？

亞伯拉罕：按照你的說法，我們看得出來，你相信小孩無法控制自己跟大人的關係，就算能控制，力量也不強。因此，你雖然希望孩子的情況能夠改善，卻認爲要等到長大後，他才能控制自己的生活，自己做決定。

你之所以閱讀這本書，是爲了讓自己的振動頻率符合內在的自己，這是你最在乎的事情，你會進入幸福的能量漩渦中，用積極正面的方法控制所有的生活體驗。但我們可以換個角度來看：就算你是個處在負面境遇中、無法控制自身體驗的孩子，你的有形的你和無形的你之間的關係，也勝過大多數的成人。也就是說，在你小時候，這兩個層面的振動頻率差異較小，而隨著長大的過程，累積了愈來愈多抗拒的想法，它們之間的差異也愈來愈大。這就是爲什麼大多數的小孩雖然看似沒有控制權，卻比大多數成人來得快樂。我們寫這本書，就是要幫你反轉這個過程。

我們要你明白，任何時候，當你決定讓自己意識到振動頻率之間的關係（意思是指，你決定你的感受對你來說是最重要的事情），你就能達成一致的頻率，享有創造世界的能量，滿足存在的目的，並且過著幸福快樂的生活。

除非你決定集中思緒，和本源達成一致的振動頻率，否則你無法感覺良好。就算你能控制周圍所有的事情，你也不會感到喜悅。喜悅的生活來自你的振動頻率符合本來的面目。控制其他的人事物不會帶給你喜悅。能控制有形的你和無形的你之間的振動頻率關係，才會讓你覺得喜悅。和本源合而爲一，就能享受喜悅、愛、成功和滿足。

怪罪過去的痛苦，只會放大現在的痛苦

傑瑞：許多經歷過創傷的人相信，他們現在的問題都是父母造成的。若他們繼續歸咎父母，難道就不會繼續碰到問題嗎？

亞伯拉罕：一個人若把很久以前的事情（例如小時候發生的事）挖出來，當作現在不快樂的原因，就一定會把那個不愉快的想法留在振動頻率中。不愉快的回憶可能和父母、兄弟姊妹、校園霸凌或憤怒的老師有關，但不論如何，一直去想著那段關係，只會在多年後發現問題仍未解決。

我們把信念定義爲你持續想著的想法。也就是說，不論你把關注重點擺在哪裡，不

論你思索什麼、談論什麼、觀察什麼、憶起或盤算什麼，而且不論那個事物是發生在過去、現在還是未來，當你這麼做的時候，思維的振動頻率就跟著活躍來。就在此時，你的情緒反應讓你知道，當下活躍的想法跟內在的自己的觀點是否協調一致。當現在的想法和內在的自己的看法無法產生共鳴時，你所感受到的負面情緒就指出了內在的不和諧。由於你察覺不到這套情緒引導系統，也不明白你可以轉移焦點讓自己感覺更好，所以通常這個不和諧的想法就會一直持續著，你覺得很糟糕，也怪罪自己為什麼要注意那個問題。

你天生就明白你應該要感覺良好，感覺不好的時候，你就知道有問題了。因爲如此，我們很容易明白，爲什麼在出現負面情緒時，你就會責怪自己關注的事物或對象。

隨著時間經過，每次不愉快的記憶浮現時，你就會感受到負面的情緒，但你卻沒有努力控制自己的思緒，想辦法讓你的觀點符合內在的自己，因此振動頻率的差異就愈來愈強。也就是說，你對之前生活的負面信念愈來愈明顯，也愈來愈強，但你卻一直不放手，反而把這些事情當成你跟本源脫離連結的藉口。

很多人覺得要解決過去的問題很難，因爲涉及那些問題的主角多半已經過世了，就算他們現在仍活在地球上的某個角落，大多數人仍覺得這些人不太可能承認自己的過失。算了吧，傷害都已經造成了……在那些充滿創傷或情感起伏的童年時刻，不論是眞的受到虐待，還是感覺上被人虐待，他們被這樣的境遇所影響，使注意力無法集中在本源能量上，反覆多次以後，他們就會建立起一種負面的信念（長期的思考模式），而只要一想到這個偏離本源的想法，他們就無法符合本源的振動頻率。

習於責怪別人的人，並沒有想到這段不和諧的關係其實是關於他和他內在的自己，一股更廣大、純粹、正面的能量……他的痛苦並非來自童年時期受到的虐待（他無力控制）。他的痛苦是因爲就在此時此刻，有形的自己無法配合無形的本源——他對無形的本源才享有絕對的控制權。

集中思緒，訓練自己的信念跟本源能量保持一致，這麼做一定會讓你感到無比的自在。繼續相信錯誤的前提，亦即「其他人要先改變，我才能感到快樂」，只會削弱你的力量。

「修正問題」只會增加問題？

傑瑞：過去這些年來，我一直想要去修正問題。我相信如果我投注足夠的心力，問題就會被我導正過來。但結果是大多數的問題變得愈來愈嚴重。

亞伯拉罕：解決問題唯一的方法，就是仰望解決的方法。當你看向解決方法，一定會覺得情緒變好了。回頭看問題，只會讓你覺得更糟糕。

再回到前面討論過的錯誤前提：「如果我用力推走我不要的東西，這些東西就會消失。」但實際上，你愈推，問題反而愈嚴重，你遇到問題的機會也愈多。

凡事都有一體兩面，記住這一點會很有幫助：想要的東西，和得不到想要的東西。把注意力放在問題上和把注意力放在解決方法上，看來只有一線之隔，但那條線其實是一道鴻溝，因爲問題和解決方法的振動頻率天差地遠。要知道你把注意力放在哪一邊，最好的方法就是專注在你的感受上。你的情緒一定會告訴你，究竟你把注意力放在更大的認知和解決方法，還是放在朝著問題的方向上。

什麼是愛？

傑瑞：在我們的文化中，愛這個字眼很重要。你們如何看待人類的愛？

亞伯拉罕：在愛的狀態中，你的振動頻率跟內在的本源完全符合。進入愛的狀態，你就不會發出抗拒的振動頻率。舉例來說，如果父母把注意力放在孩子是否眞的幸福，父母對孩子的看法就完全符合內在本源對孩子的看法，因此就沒有任何抗拒，也會感受到「愛」。但如果父母認爲孩子的行爲不良，也只在意這些行爲，或如果父母很擔心孩子發生不測，這些想法就跟內在本源對孩子的看法完全不一致，父母的振動頻率出現了抗拒，他們會感受到憤怒或恐懼。

「問題」和「解決方法」的振動頻率很不一樣，同樣的道理，我們可以從振動頻率完全符合本來的面目的狀態來討論「愛」這個主題，也可以從完全不符合本來的面目的狀態來討論。一個受傷、擔憂或憤怒的母親對孩子大吼：「你不知道媽媽有多愛你嗎！」她這麼做，正是因爲振動頻率不符。因此，就算她提到了愛這個字，振動頻率卻完全相反。

當小孩開始聽得懂大人說的話時，父母的言詞和伴隨而來的振動頻率之間的分歧，會讓他們覺得很困惑。當父母用言語表達實際的感受時，對孩子來說非常有益。而如果父母親在表達他們的感受前，能先讓自己的行爲符合內心最眞實的感受（愛），對孩子來說就更有價值了。

什麼時候應該放棄一段關係？

傑瑞：爲什麼有些人會死抓著令他痛苦不堪的關係不放？

亞伯拉罕：一般人相信，擁有一段關係總比沒有關係好，即使這段關係令你不快樂。因此，憤怒似乎比寂寞更容易忍耐，被人激怒也比感到不安好，所以他們不肯切斷關係。

傑瑞：到了什麼樣程度的不安或痛苦，你們才會建議我們脫離負面的關係呢？

亞伯拉罕：面對討厭或不想要的東西時，能夠逃避的確會讓你覺得鬆了一口氣，不需要一直面對這些東西，你會覺得更容易找到令你愉快的想法，或比較容易從更廣的角度來看事情。突然脫離後雖然暫時得到抒解，但如果你仍無法跟內在的本源達成一致的振動頻率，抒解的感覺一下子就消失了，而你吸引到的下一段關係，通常感覺起來會跟前一段很像。

當然，如果遭到暴力對待或言詞羞辱，我們會鼓勵你愈快離開愈好。然而，光是離開當下的處境並沒有用，如果你一直去想著被虐的感覺，內心憎恨無比，也把它當成離開的理由，那麼受虐的感覺就不會消失。

如果你一直把注意力放在不愉快的思緒上，這些思緒一定會纏繞在你心頭，讓你的振動頻率跟解決方法和你眞的想要的關係無法達成一致。簡言之，指向不想要的東西，不可能讓你到達你想去的地方。這違反了法則。

與一段關係中，如果你能夠去挖掘更多你想要的東西，消除不想要的東西，你就會看到你們的關係有長足的改善，而且你會驚訝於自己再也不想逃離了。在所有的情況中，我們並不認爲你用正面的方法去關注任何人，就能突然改變他們的個性或行爲，但我們相信，除非你發出振動頻率，否則不會得到相關的體驗。

很多人說，如果不是因爲其他人的行爲那麼討厭，激起了他們的振動頻率，他們的振動頻率中就不會有討厭的東西。我們的確相信，周遭的人都感覺良好時，你一定也會比較容易感到快樂，但我們絕對不會說，別人要爲你的感覺負責，因爲你有力量，能專注你的心思，不論周遭的人做出什麼行爲，你都能發揮吸引力。

每當你看到不想要的東西時，如果你只是暫時離開，好讓自己看不到討厭的行爲，過了不久，你就退無可退，完全被隔絕了。但是，如果看到不想要的東西時，你明白如此一來，你也能夠知道你想要的是什麼，然後把注意力快速移轉到當下想要的東西上，你的體驗就會變得愈來愈好。

與其讓自己離開一段不愉快的關係，與其要求伴侶改變行爲好讓你覺得更好，如果你能從一連串的衝突中發出新的願望，有形的振動思緒模式（或新建立的長期信念）就能讓吸引力法則幫你找到完全不同的體驗……你的生命一定會符合長期的振動頻率模式（或信念），這是恆久的真理。不論你能不能幫負面的想法和情緒找到完美的藉口，這些想法和情緒仍是你產生吸引力的關鍵。在你生命中出現的所有事物，都顯示了你抱持的信念和長期的思考模式。

如果你知道你的思考模式不需要受當下的處境所控制，你就會充滿了力量，而你當下所面臨的情況（不論和什麼有關）也會跟著改變……目前的關係讓你生出新的願望，在努力讓你的想法符合這些願望前，我們不建議你一走了之。不管你是要留在這段關係中，還是發展其他新的關係，讓想法和願望振動相符，你就能得到眞正想要的關係。

Mating, and the Law of Attraction

第二部

尋找伴侶與吸引力法則

找到完美的對象，
成為完美的對象，吸引完美的對象

爲什麼我還沒找到伴侶？

傑瑞：每個人都想找到伴侶，甚至從年紀還很小的時候就開始了。你們稱之爲「共同創造」。但很多人，或者可以說大多數的人，似乎都爲尋找伴侶所苦。有人擔心找不到合適的對象，有人根本找不到對象，也有很多人已經找到對象了，但關係卻不甚愉快。所以，對那一大群還沒找到對象（且想要找對象）的單身人士，或目前已有對象但不滿意彼此關係的許多人，你們有什麼建議呢？

亞伯拉罕：當你決定進入這個有形的時空實相，由於你明白未來所有的喜悅需要各種不同的觀點作爲擴展的起點，所以你會和其他人互動，共同創造。你知道藉由和別人的互動，就會產生新的想法；你知道新的想法或願望來自這些共同創造的體驗，當你自己或你和其他人共同專注於這些新的方向上，就能期待喜悅的來臨。

你渴望喜悅，你也沒忘了你的喜悅不能仰賴他人的行爲；你一直尋找能讓你感覺美好的事物，以作爲長期關注的對象；你知道不論是什麼樣的願望，都可以得到滿足。但是，如果你現在覺得不好，擔憂找不到伴侶，或者你發現你跟現在的伴侶在一起時並不快樂，如此一來，你想要一段良好關係的願望就無法實現，因爲你的振動頻率不符合自己的願望。

或許你目前沒有伴侶，想要找到一個伴，或許你有伴侶，可是覺得不快樂，兩者要做的事情都一樣：你對你的關係有一些想法，你內在的自己對你的關係也有一些想法，你必須找出那些能讓兩者相符的想法。

假如你所發出最強的振動頻率，是你缺乏一段你想要的關係，那麼你想要的關係就不可能存在，並進入你的體驗。兩者的振動頻率相差太遠了。當問題是你內心最活躍的振動頻率時，你就找不到解決方法。

把注意力放在你想要的東西上

我們的意思是，你必須找到方法，讓你發出的振動頻率符合你想要的關係，而不是你擁有的關係。你必須忘記你缺少一個伴侶這件事，或者你必須忽視你現在這段關係令你不快樂這件事，然後你才能建立你想要的關係。這就是最難的地方。你必須把你想要的變成振動頻率中最強的地方，持續這麼做，你想要的和你擁有的，就會交錯在一起，你的願望也會實現。換句話說，專注於願望以及你一直以來的想法之間的關係，當無形的你和有形的你享有良好的關係，每一段關係都會令你滿意。

當某個人把你當成關注的目標，並對眼前所見表達認同或讚賞，你會覺得很棒，因爲當他對你表示讚賞的同時，他的看法也符合更大的視野。他把注意力放在你身上，感覺良好的本源能量觀點如潮水般將你淹沒。但如果他轉而去注意別的東西，或因爲看見你的錯誤或缺點而改變振動頻率，你就覺得像斷了線的木偶，再也無法靠另一個人的行爲得到鼓勵。

別人的讚賞的確能讓你感到快樂，這也是理所當然的事，但如果要靠別人的讚賞你才能感覺良好，這種良好的感覺就無法長存，因爲其他人沒有能力，也沒有這樣的義務，要把你當作他唯一投注正向關注的目標。然而，內在的自己，也就是你的本源，一定會把你當作讚賞的目標，恆久不變，毫無例外。所以，如果你調整思緒和行動，符合從內在的自己不斷流出的幸福振動頻率，不論外在情況如何，你都能持續成長茁壯。

大多數人從小就有一個願望：在生命中的某個時刻，他們會找到人生的伴侶。不論男女都有一個浪漫想像，就是和伴侶手牽手走在夕陽下。但是，他們通常也覺得那種關係就是「定下來」，而這個說法本身就帶有負面的意味，似乎要放棄一點自由和樂趣，才能認眞地體驗到長久的關係。事實上，當他們環顧大多數人的關係時，他們看到的不是這些關係能帶給人喜悅、滿足和自由（這三樣東西就是他們本來面目的根基，也是他們最想要的），反而看到了失去喜悅、滿足和自由。因此，一提到婚姻或永久的關係，大家就會聯想到不和諧，雖然大多數人很期待終究能找到伴侶，但他們認爲如此一來也會跟著失去自由。

有時候，人們會覺得要找到另一個人來分享生活體驗，才算眞正的「完整」，但如果你是以這個想法爲基礎去展開一段關係，那就不太好了。又是一個「原地打轉」的例子。也就是說，如果你覺得自己少了什麼，想找另一個人讓你變得「完整」，這表示吸引力法則一定會找到另一個也覺得自己少了什麼的人。那麼，兩個覺得自己不夠好的人碰在一起，並不會突然就覺得自己變好了。想要建立良好的關係，你必須先對自己有良好的感覺，才能夠和另一個人建立快樂的關係。

冀望你和另一個人的關係能成爲支撐你的力量，這麼想就錯了，因爲吸引力法則無法帶給你和你的感覺相去甚遠的東西。如果你一直覺得自己很差勁，覺得生活糟透了，希望能透過兩人的關係來改善生活，那麼你絕對不可能辦得到。如果你本身不平衡、不快樂，吸引力法則絕對無法帶給你一個健康快樂的人。不論你做什麼、說什麼，你大致上是什麼樣的人，吸引力法則就會帶給你差不多的人。大家之所以會有願望，其實只有一個理由：滿足願望之後，就會感覺更好。我們只希望你能了解，你一定要感覺更好，更好的感覺才會來臨。

我們說過，要先讓自己變得快樂，再去尋找伴侶。有位女士聽了這個說法後不太滿意，她說：「你們要我想像我的伴侶就在這裡，好讓我自己覺得快樂，但是這個人根本還沒出現啊。我覺得你們根本不在乎我會不會遇到這個人。」她的這番話就某種意義來說是對的——如果她能夠一直保持快樂的心情，除了願望會一一實現（這是法則），她也會一直覺得很快樂。

好玩的是，大家常會覺得說，快樂是追求成功必須付出的代價。但我們知道，人們之所以追求成功，是因爲他們認爲成功了之後，就會比較快樂。

當你發現，快樂並不需要仰賴其他人，只要你專注於快樂的感覺，你就能感受到快樂，最終你也能找到你最嚮往的自由。只要你能了解這一點，你曾經想要的，或未來想要的，都會來到你眼前。控制自己的感覺，不管是對事物的反應、對其他人的反應，或對境遇的反應，如此你不但能覺得快樂，你的願望也會全部實現。絕對值得一試。

簡單來說，如果你不滿意自己，或不滿意你的生活，你所吸引到的伴侶，只會擴大不和諧的感覺，因爲在覺得匱乏的情況下，你所採取的行動一定會招來反效果。

如果你目前沒有伴侶，那麼現在正是你調整自己振動頻率的最佳時機，讓自己的想法與願望振動一致，吸引另一個能增強你感覺的人。即使你現在已經有伴了，可是你常常覺得不快樂，你還是可以透過振動頻率的調整，得到一段令人滿意的關係。你眞的可以心想事成。

很多人都希望能趕快找到伴侶，即使目前他們對自己仍不甚滿意。他們甚至相信，找到伴侶就能讓他們對自己的感覺更好一些。然而，如果他們無法欣賞自己，吸引力法則就無法帶來欣賞他們的伴侶。這違反了法則。

因此，如果你目前還沒找到你想要的伴侶，最好能與你當下的處境和平共處，去強調現在生活中每一件正面的事物，想辦法撫平自己因缺乏理想伴侶而產生的不安，盡情享受生命，列出所有美好的事物，更加地欣賞自己。我們向你保證，只要你能眞正喜歡自己，不要一直想著沒有伴侶這件事，也不要因此感到不自在，你的伴侶就會出現。這也是法則。

如果你正處在一段不愉快的關係中，你一定要想辦法將自己的注意力從這些負面感受中轉移開來。有些人說，寂寞很可怕，寧可有個伴，但有人則抱怨，跟不適合的伴侶在一起讓人更難熬。我們要你明白，不論你目前在這麼地方，或有什麼樣的體驗，其實都不重要。

不論身在何處，你都能去到你想要去的地方，但你一定要改掉習慣，不要花那麼多時間去注意你不喜歡的東西，也不要一直談論它。用心選擇，找出生活中正面的事物。把眼光放在你想去的地方，不要花時間抱怨當下的情勢。你對當前的想法和你夢想能得到的更好生活，都會得到宇宙的回應。你靠著你的思緒創造，所以，反覆思索、記住、注意和討論你不想要的東西，一點好處都沒有。你所發出的振動頻率應該要符合你想要的事物，然後你會發現，生命很快就出現變化，符合你的振動頻率。

爲什麼有這麼多不和諧的關係？

傑瑞：我小時候看過很多人的關係，但我不記得有哪段關係是快樂的。大多數的關係都維持得很久，但身處其中的人卻不快樂。我常說，我看到的這些關係大多處於一種「無聲的絕望」中。我聽到的抱怨不多，但我也看不到喜悅。

亞伯拉罕：你小時候觀察到周圍有這麼多不開心的大人，其實這種情況並非少見，現在的小孩也有一樣的經歷。孩子們常看到父母抱怨他們的老闆、路上其他駕駛、政府、鄰居，反而比較少聽到讚賞的話。

大多數孩子都沒有福氣看到父母長期處在欣賞彼此和頻率一致的狀態中，因此大多數的孩子對於自己跟別人的關係會發展出不健康的思考模式或信念。但在這些不健康的信念（因爲看到周圍的大人們展現出來的不滿）之下，也會發出一股強烈的願望，想要和本源產生連結，想要得到愛與和諧。換句話說，即使小孩很難看到眞正快樂的關係，但大多數人仍希望自己能找到一段美滿的關係。

我們要你了解，就算你認識的每個人都處於不快樂的關係中，你的內心深處依然明白，你有可能享有和諧的關係；事實上，在一段關係中，每次發生不愉快的事情時，等量的願望也會由此而生……在一段關係中，經歷愈多不愉快的事情，你想要的願望也會變得愈來愈明確。

爲什麼人們如此重視與他人的關係？爲什麼每個人都亟欲改善自己的關係？原因是你體驗到愈多你不想要的東西，你就愈想得到你想要的東西，但當你看著不想要的東西，反而阻擋了你得到你想要的。不知不覺中你陷入了拉鋸戰，雖然你想要擴展，卻又畫地自限導致無法擴展。

有個容易達成的方法，能讓你所有的關係都符合內在的振動頻率：不論別人做什麼，我都可以覺得快樂……只要以個人的能力，專注於個人的思緒，我就可以跟本源達成一致的振動頻率（我的快樂泉源），不管別人做什麼，我都可以保持良好的感覺。

萬一我們的關係無法長久怎麼辦？

傑瑞：我常常到處旅行，這輩子也多半是單身，因此，我體驗過許多關係。要開始一段關係很容易，但要白頭偕老就難了。一般人也是如此，進入一段關係似乎相當簡單，但結束關係就難多了。當關係瓦解時，要分配財產，要做很多安排，通常憤怒、暴力或報復也會跟著出現。

我們看過很多失敗的關係，當其中一方想要做個了結時，情況更是雪上加霜。這不是讓我們對兩人關係抱持更大的戒心，以及愈來愈多的負面期待？

亞伯拉罕：根據你剛才提到的狀況，似乎眞的不值得去開展一段關係。「假如兩個人在一起時不快樂，那麼當他們想要分開時，情況通常更糟。」你提到的問題重點在於，大多數人在開始一段關係時，多半抱持著負面的信念，而這些信念（或說是他們一直的想法）讓他們無法享有快樂成功的關係。

在內心深處，你渴望擁有和諧的關係，但你的存在具有一個更強烈、更深刻的基本信條：渴望自由。想要自由的願望奠基於想要感覺良好的願望上；想要感覺良好，有形的你和無形的你之間一定要保持暢通。

不管爲了什麼原因，一旦你覺得不太好，你知道有什麼事情不對勁，你天生的本能就會去尋找不和諧的原因。感覺不好時，通常你會把這種感受歸咎於另一個有關係的人。因此，一旦你感覺不好，振動頻率不一致了，你會認爲那個人需要改變，做出不同於他原本想做或能夠做的行爲。而當你看到自己無力讓對方做你覺得必要的改變時，你就會覺得受到束縛。你本來的面目最重要的願望受到挑戰，你的關係也會破裂。

但我們要你了解，首先，這段關係是奠基在錯誤的前提上，要藉由他人的行爲來讓你保持平衡，是絕對不可能的事。這是你自己的責任。感覺不好時，別人沒有義務要讓你感覺良好，如果你能接受這一點，你就會得到足夠的自由，維繫心中喜悅的感受。如果你無法接受，只會從一段不滿意的關係跳到另一段不滿意的關係。

本來的面目的感受在你內在強烈脈動，所以你一直在尋找令你滿足的關係，因爲你明白，和別人的關係能帶來非常深刻的喜悅。只要你下定決心，相信你的快樂並非來自他人的想法、信念或行爲，而是仰賴你的振動頻率（完全掌控在你手中），你的關係再也不會讓你覺得不自在，還會帶來深刻的滿足。

和本源失去連結，不安全感會讓人想要透過和另外一個人的關係來得到滿足，但再多的關注，也沒有辦法給你你所需要的連結。很多關係一開始時很美好，是因爲雙方全心全意關注彼此，但過了一段時間，他們自然而然就會把注意力放到生活的其他面向去；如果你很依賴別人的關注，萬一對方無法全心關注你，很有可能不安的感覺又會再度湧現。

當一段關係中的雙方都能與自己的本源維繫連結時，就能建立一段穩定的美好關係。這樣的關係無可取代。如果你跟本源的振動頻率不一致，對方再愛你，也無法彌補你的缺憾。

跟亞伯拉罕的關係為何感覺如此完滿？

傑瑞：我知道婚姻有很多種形式，而人們之所以結婚的原因也不少。有人可能為利益結婚，有人相親結婚，有人因為肉體誘惑或性慾而婚，也有人因為一時衝動就結婚了……有些人之所以想找個伴，只是因為不甘寂寞。

但亞伯拉罕，我一直在想我跟你們之間完美究極的關係。對於那些專注於有形體驗的人們，他們是否有可能以我看待你們的方式來看待其他人？也就是說，我們能不能忽略具體的細節，直接探索人的本質，以便與他人享有和諧的關係，如同與你們的關係一樣。

亞伯拉罕：在我們對話的這個階段，你現在問的問題再好不過了，因為你口中對

「亞伯拉罕」的讚賞，等同於我們所謂有形的你和無形的你已經達成一致的振動頻率。

你對我們的讚賞並不是因爲我們做了什麼讓你開心的事，很多人並不讚賞我們，跟我們也沒有一致的振動頻率。有些人發覺我們無法爲他們做些什麼，就討厭我們。（由於他們感到匱乏或不足，所以想要從我們這裡得到奇蹟或幫助，但他們無法找到。）有些人覺得我們很煩，因爲我們清楚知道自己是誰，也知道自己想要什麼，而且我們不會讓步。我們不願放棄自己在生命中建立的目的，來滿足某人當下異想天開的願望。我們不會爲了討你開心，就假裝宇宙法則不存在。因此，有很多人在跟我們互動的時候，對我們產生負面的觀感。由於他們有所期待，他們想要尋找自己欠缺的東西，與我們的關係就無法令他們滿足。

你覺得你跟我們享有完滿的關係，是因爲你現在把注意力放在我們跟你本來的面目產生共鳴的地方。你有能力關注任何人，跟此人建立完美的關係。你對我們的感覺來自於你的關注所在，而不是我們傳達給你的訊息。

和別人互動時，找出他們正面的地方，對你一定有好處。發出和想要的事物一樣的振動頻率，你想要的東西就會進入你的體驗。學習如何從別人身上尋找正面的事物，直到你能夠期待從別人身上得到正面的事物，那麼正面的事物就會朝你而來。

傑瑞：這麼說來，從我的角度來看，我跟你們的關係，就如同是一種對自己的愛？

亞伯拉罕：說得沒錯。透過對我們的讚賞，你的振動頻率就能符合本來的面目。這就是愛的意義：和本源、自我、愛保持一致的振動頻率。

傑瑞：換句話說，因為我的想望，所以我吸引你們前來，或者從你們那裡吸引到讓我覺得滿足的東西？你們稱這是一種相互依存嗎？

亞伯拉罕：依存這個詞就表示「就我自身而言，我不完整」，以及「我需要另一個人，才能變得完整」；對你，對我們來說，情況並非如此。事實上，這個問題帶我們看到良好的關係要有一個非常重要的前提，或說基礎：若你在單身時就有不安全感，所以想要找個伴來陪伴自己，那麼這樣的關係一定不牢靠，因為基礎就不穩固。但是，當兩人在獨立的情況下就很有安全感，也和各自內在的自己達成一致的頻率，那麼他們結合後所建立的關係，就有紮實的根基。也就是說，他們不仰賴彼此。他們從本源得到支持，打下穩固的基礎後，才開始互動和共同創造。

當兩人或更多人聚在一起，他們積極地關注同樣的事物，這樣的結合會比一加一強上好幾倍。因此，他們吸引來的想法和解決辦法，也比兩個人加起來的總和更多。實在值得高興。這才是共同創造的本質。

共同創造要有成效，最基本的原則就是聚集在一起的共同創造者一定要發出正向的吸引力，否則共同創造的成果就不會是正面的。如果你的注意力都放在負面的事物上，並因此感覺不好，那麼你就只能吸引到同樣充滿負面吸引力的人。這就是爲什麼基於不安全感或匱乏而去尋找伴侶，你絕對找不到你眞正想要的伴侶，反而只會碰到讓你更感到不安的伴侶。

人們常會覺得困惑，他們以爲自己之所以覺得不安，是因爲他們還沒找到伴侶。因此，當他們採取行動找到伴侶後，他們不了解爲何不安的感覺還是存在，甚至更加強烈。當你和本來的面目振動頻率不一致時，性愛、同居或結婚等實際行爲，並無法填滿你的空虛。但如果你先調整好振動頻率，共同創造的行爲才有崇高的意義。不要爲了修正不一致的頻率而採取行動。先達成一致的頻率，再去尋找伴侶。

靈魂伴侶的心靈應該很美好吧？

傑瑞：常聽別人提起「靈魂伴侶」這個詞。當兩個想法正向的人彼此吸引，就是大家口中所謂的靈魂伴侶嗎？

亞伯拉罕：通常大家說到靈魂伴侶時，他們指的是一個注定要跟自己在一起的人——在進入這個時空實相的有形身體以前，兩人的靈魂就已經緊密相繫。雖然你的確懷抱著和別人的相遇就是爲了共同創造（若能重拾這些關係，會帶來極度滿足的感受）這樣的意念，但尋找這樣的相遇，並非要達成一致的頻率。相反的，你想要先達成長久的一致頻率，你明白這樣才能把想要的關係吸引到你的生命中。

你可能就站在某個和你具有無形連結的人面前，但假如你和本源失去連結，你就無法看出這樣的關係。通常讓你覺得最困擾或最不和諧的人，其實就是你的靈魂伴侶，但由於你跟本來的面目振動頻率不一致，你無法看得出來。

要了解靈魂伴侶的意義，最好的方法就是跟內在的靈魂或本源達成一致的振動頻率，一種純粹且正向的頻率；然後，由於你隨順一致的頻率，你就能看出每次與靈魂伴侶相遇的機會，正如你一直以來的期望。尋找令你讚賞的事物，如此簡單的意念，就能讓你跟本源保持一致的振動頻率，在茫茫人海中吸引到你的靈魂伴侶。

別忘了，雖然進入有形的身體對你而言是全新的體驗，但事實上你已經存在許久，經歷過無數的生活體驗，而經驗過生命中的一切以後，你也得到有力的結論。所有這些結論都變成你內在的自己現在擁有的知識；透過和內在的自己達成一致的頻率，你也能擁有同樣的知識，如果做不到，你會失去平衡，感覺也不好過。

感覺對了比什麼都重要

傑瑞：有些年輕人剛從學校畢業，正要展開新生活，尋找人生的伴侶，你們有什麼話要告訴這些人呢？你們會如何引導他們建立關係？

亞伯拉罕：首先，我們會提醒他們，最重要的就是要有良好的感覺，除非能有好的感覺，否則就無法跟當下的現狀達成一致的頻率，一旦頻率失調，匱乏的感覺便會油然而生。

接下來，我們會鼓勵他們常懷一個意念，去尋找讓自己感覺良好的事物，把注意力放在上面，如果不知道爲什麼內心會出現不好的感覺，就盡力把注意力放在感覺更好的事物上，轉移關注的焦點，才能得到解脫。

打個比方，假設說你看到一段不愉快的關係，你聽到不快樂的雙方非常負面的對話。由於渴望和諧，或更明確地說，由於你想要和諧的關係，因此就算你參與了（透過聆聽）這段不愉快的體驗，你感受到的負面情緒就是你的指標，告訴你最好不要把注意力放在這裡。如果你懷抱著要想要感覺良好的願望，你會毫不費力地離開這段對話。你會刻意把注意力放到令你感覺良好的事物上。

還有，我們會提醒這些年輕人，創造是由內而外的過程。也就是說，你的思緒和你的感覺是軸心，你吸引到的東西則圍繞四周。與其尋找外在的事物讓自己感覺更好，不如下定決心要先有更好的感覺，然後再向外吸引讓你覺得好的事物。

我們會鼓勵他們先專注於自己想要什麼，不要衝動地採取行動。把注意力放在你想要的東西上，並且採取行動，你只會得到更多你不想要的東西。但如果你花一點時間，專心思考自己真正想要的東西，然後再採取行動，所激發出來的行動就會增強你的願望。

我們還有以下的忠告：

- 面對生活中的五光十色，要常常停下腳步，向自己重申你想要有好的感受以及和內在的自己或本源保持一致的頻率。
- 讓想要感覺良好的願望，變成你最強烈的意念，不論發生什麼事，都要保有這樣的意念。也要常常提醒自己，要靠你才能建立連結和擁有好的感受，其他人沒有義務或能力幫助你建立那個重要的連結。
- 善用你跟別人的關係來強化已經達成的頻率一致，但不要把你跟別人的關係當成達成一致頻率的手段。
- 專注於本源，用自己的力量始終如一地愛自己。不要要求別人先來愛你。他們做不到。

思維的力量在於把事物帶到你面前，思維是你行動背後的驅動力。尋找讓你感覺良好的思維，讓你可以跟本源達成一致的振動頻率，你的行動就會給你良好的感受。你無法以行動來彌補振動頻率不一致的想法，頻率一致的想法所激發出的行為，才會給你愉悅的感覺。

爲什麼她總是找不到適合的伴侶？

傑瑞：假設有一名女性，她對自我的感覺一直都很好，也常常表達出她想要一個伴侶的願望，但是遇到一個又一個的男人，她卻不斷否定這些人，對這樣的人你們有什麼想法呢？

亞伯拉罕：她想要伴侶的願望會讓男人不斷來到她身邊，但她對不好關係的信念，卻讓她把對象往外推。她只專注於她不想要的特質，她想要的特質因此無法來到她眼前。

如果她一直注意到對方身上她不喜歡的特質，只看到別人的不足之處，久而久之她的振動頻率就會脫離本來的面目。在這樣的情況下，她對自己和對別人的感覺都不會太好。

發現別人身上不好的地方，並不會讓你喜歡自己所擁有的東西。如果你訓練自己去尋找正面的特質，你不只會在自己身上找到這樣的特質，也會在別人身上看到。如果你訓練自己去尋找負面的特質，除了看到自己的缺點，也會看到別人的缺點。因此，我們可以肯定地說：批評別人的人，不會眞的喜歡自己。這違反了法則。每當你看到喜歡批評別人的人，其實你看到的是一個不喜歡自己的人。

有些人會表現出優越的態度，讓你以爲他們很喜歡自己，其實，他們只是利用這種態度來掩蓋內心的不安，或缺乏頻率一致的感受。如果你眞的喜歡自己，你跟內在的本源就會保持和諧的關係，在這樣的情況下，你對其他人的讚賞也會源源不絕，美好的事物也會隨之而來。

當你跟本源享有一致的振動頻率時，吸引力法則就會把你和其他也能跟本源保持一致頻率的人吸引在一起，隨之開展的關係會帶給你滿足和喜悅。但當你的頻率無法一致且感覺不好時，吸引力法則也會吸引感覺不好的人前來，這樣的關係會讓人不愉快又不自在。

你想要跟別人共同創造，但如果你沒留心個人的振動頻率，和別人的共同創造只會讓你的振動頻率更加偏離本源。人與人的互動會讓地球和一切萬有的擴展無法計量，然而，大多數的人無法享受共同創造的喜悅，因爲他們只看到別人身上自己不想要的特質。也就是說，在大多數的時間，你只注意到別人身上最糟糕的地方，而不是最好的地方。爲什麼會這樣呢？因爲在找到伴侶以前，你還沒找到自己的核心，所以一旦你們展開關係之後，你就會把不平衡的狀態施加到別人身上。

正向吸引力的力量

或許你目前還沒找到你想要的關係，或許你正處在一段不甚愉快的關係中，想要將自己導向所欲追求的關係，最好的方式就是拿出筆記本，每天花一點時間，寫下生活中碰到的人有什麼優點，再沒有比這個更有價値的行動了。

想想周遭的人、以前認識的人，以及你自己有哪些正面的特質，全部列出來。然後，在很短的時間內，你就會發現振動頻率一致的想法有多大的力量，還有吸引力法則隨順的本質。不要再白費力氣地想去控制別人的行爲，集中正面思緒的力量，你就會找到夢寐以求的美好關係。

你的思維和振動吸引了你所體驗到的事，而你的想法則決定了生命中一切的事物。

有很多人和你共存在地球上，把注意力轉向他們的個性和行爲中美好的部分，你就能把你的吸引力轉向你想要的東西。

你所想要的關係不只有可能會發生，它們也必定會成眞。但你必須訓練思維振動的頻率，和你想要的關係達成一致，才能用你想要的那種有形的、實質的、「眞實生活」的方式來經驗它們。思維的力量不僅能決定哪些人能夠進入你的生活，也決定了他們進入你的生活後的行爲模式。

傑瑞：在我早期的經驗中，我記得我看過很多人不想要跟那些想跟他們建立關係的人在一起。所有的男生似乎都喜歡對他們沒有興趣的女生，所有的女生都想要跟對她們沒有興趣的男生在一起。

亞伯拉罕：好的，就你看到的現象而言，最好的地方是，對比的體驗能幫大家更清楚地找出自己究竟想要什麼。這個普遍的現象之所以存在，是因爲大多數人相信，在尋找「完美伴侶」的過程中，一定要先徹底根除不完美的地方。他們相信，只要找出他們不要的東西，列出這些不想要的特質，花足夠的時間去挑選，就能來到理想的終點，找到「完美伴侶」。但吸引力法則並非如此運作。

列出你不想要的特質，並且讓這些想法變成你在尋找伴侶時的主要振動頻率，那麼吸引力法則就會帶來你不想要的伴侶。你一定要自我約束，把你的思緒轉向關係中正面的地方，然後你想要的才會來到你眼前。

隨著時間經過，透過不同關係的互動，你一定會找到你不希望伴侶身上有的那些特質。每次的體驗都會幫助你看到你不想要的東西，你發出的振動頻率就會符合你的選擇。經過一段又一段的關係，不論是你個人的體驗，還是你觀察到別人正在經歷的關係，你會創造出「完美伴侶」的振動頻率。如果你可以專注於這個「完美伴侶」的版本，吸引力法則就會帶給你相符的版本。但如果你繼續把注意力放在別人的缺點或不想要的特質上，反而會離你眞正想要的愈來愈遠。

我們解釋說，要找到你眞正想要的關係，最快的方法就是從當下的處境中（有可能你在一段暫時的關係裡，或者你現在還沒找到伴侶）找到値得讚賞的地方，但通常大家會抗拒這麼做，因爲他們相信，如果他們認爲自己現在很好，他們就會停在那裡。不過事實並非如此。

尋找目前的處境中有什麼正面的地方，這麼做的話，實際上你就是以目前的情況爲根據，讓你的振動頻率符合自己的振動暫存區、你本來的面目、內在的自己，和一切你心所願的事物。對當下的處境抱持良好的感覺，就能更快看到改善。但當你挑剔目前生活體驗的缺點時，你感覺到的負面情緒就表示目前的想法和振動頻率已經偏離了你自己的振動暫存區、你本來的面目、內在的自己，和一切你心所願的事物。

「別人家的草皮看起來總是比較綠。」之所以如此，是因爲很多人已經養成根深柢固的習慣，喜歡抱怨「圍籬這一邊」的問題。

如果是別人幫我們選擇伴侶呢？

傑瑞：我想聽聽你們對於婚姻文化的見解。在很多文化中，由父母或長輩幫年輕一代的人挑選伴侶；而在西方文化中，我們比較相信浪漫的愛情，我們之所以選擇某個人當伴侶，是因爲我們彼此相愛。

亞伯拉罕：當然，能夠自己選擇伴侶會讓你有更好的感受，因此你覺得這麼做才是對的。但即使在相信人們有權自由選擇伴侶的文化或社會中，周圍的人的意見還是會影響你的行爲。也就是說，在這看似自由的文化中，很多人會考慮自己的婚姻是否符合父母的期望、宗教或文化，他們不敢越過界線。但我們也同意，在西方文化裡，的確享有比其他文化更多的餘裕。

關於「選擇」伴侶，我們希望你再想想另一件更重要的事情。你並非用言語來做選擇，而是用你發出的振動頻率。因此，有時候你可能在不知不覺中，「選擇」了跟你想要的對象完全相反的人。比方說，人們「選擇」了癌症，並不是因爲他們想要體驗罹患癌症的感覺，而是因爲他們「選擇」把注意力放在抗拒的想法上，讓健康安樂不得其門而入。同樣的，有人選擇了討厭的伴侶，是因爲他們長久以來都把注意力放在不想要的事物上，或一直注意著他們得不到想要的東西。換句話說，常常覺得寂寞孤獨的人，其實是「選擇」了讓自己非常想要的東西呈現匱乏的狀態。

尋找、召喚或成爲完美的伴侶

傑瑞：你們會建議我們怎麼去尋找「完美的伴侶」呢？

亞伯拉罕：爲了找到你們所謂「完美的伴侶」，你必須先讓自己成爲完美的伴侶。也就是說，你持續發出的振動頻率必須符合你想要的伴侶。你看到或經歷過那些不怎麼完美的關係，這給你很好的機會去決定並調整你心目中完美的關係應該是什麼樣子。因此，你要專注於一段關係中有哪些你想要的特質，以便訓練你的振動頻率符合你的願望。

當你指出在一段關係中你不喜歡的事物，或記得過去的關係中發生了哪些不愉快的事件，或看到電影裡彼此虧待的戀人，你就在不知不覺中把你的振動調整成跟想要的關係完全不同的頻率。走錯了方向，就很難回頭。

如果一直以來，想到兩個人的關係就讓你覺得孤獨、氣憤、擔憂、失望，那你就得不到夢寐以求的關係。但是，當你尋找自身和其他人身上值得讚賞的事物，列出過去和當前關係中有哪些正面的地方，你就是在訓練自己所發出的振動頻率，使其能夠符合你的願望，「完美的伴侶」一定會跟著出現。這就是法則。

想要一個伴，還是需要一個伴？

【以下的問題來自亞伯拉罕工作坊成員的發問。】

提問者：聽起來像是說，當我想要某個人時，就會把他從我身邊推走，但當我不想要某個人，他反而會來到我身邊。爲什麼會這樣呢？

亞伯拉罕：當你想要跟某個人在一起，但內在主要的想法卻是你缺少那個人，則你最活躍的振動頻率就會讓那個人無法接近你。當你不想要某個人，但內在主要的想法卻是這個不想要的人來追求你，那麼這個人就會被你愈拉愈近……不論你要不要，心裡想什麼，你就會得到什麼。

提問者：這是否就是想要和需要之間的分別？

亞伯拉罕：沒錯，用這種方法來想很好。當你想要某樣東西，也一直想著擁有它之後的感覺有多麼美好，那麼當下的情緒就會給你很好的感受，因爲你目前的想法跟你眞心所願的振動頻率相符。但是，當你想要某樣東西，心裡卻一直想著沒有這樣東西的感覺，你把焦點放在匱乏之上，情緒就會變得很負面，因爲你的想法跟你眞實的願望完全不符合。

想要和需要並非只是字面上的不同。願望或想要的純粹狀態一定會讓你感覺良好，因爲你的振動頻率符合你的振動實相。需要的狀態一定會帶給你不好的感受，因爲你所發出的振動頻率是欲求不足，因此無法符合你的振動實相。

在覺得「匱乏」的人身邊，如何保持積極正面？

提問者：如果我的伴侶一直把注意力放在匱乏上，不努力追求向上，我要怎麼維持正向的注意力？很難不受影響吧。

亞伯拉罕：我們知道，當你看見或聽到能帶給你好的感受的事物時，你會更容易感覺良好，但在任何情況下，就算周圍的人感覺很糟糕，你也有能力給自己好的感覺，當你能夠這麼做，你會感到無比自在。

你會發現，學會引導自己的心智比較容易，要透過行爲去操控別人反而比較難。就算對象只有一個人，你也絕對無法要他凡事照著你的方向走。當然，你的情緒反應不只針對某個特定的人，還有很多其他的人。當你眞的能把你的思緒導向令人感覺愉快的事物，讓你覺得不愉快的人（或這些人令人不愉快的地方）就會從你的體驗中離開。你若專注於不想要的東西，這個東西就會留在你的體驗裡。

很多人不同意這個說法，因爲他們認爲生活中所發生的一切壞事，都是其他人的作爲所造成的：「我老公是個暴力男，是他造成我痛苦的體驗。」但我們要你明白，如果你把注意力從負面的事物或家暴上移開，轉移到正面的地方，暴力虐待就無法留在你的體驗中。把注意力放在負面的事物上，這些事物就會進入你的體驗，如果能了解這一點，你會充滿了力量。

我們了解，在受苦受難的當下還要保持正面的想法，的確不容易，尤其是在一開始的時候。引導思緒的最佳時機，並不是當你正處在不好情勢的時候。獨自一個人的時候，更容易激發出讓你感覺更美好的思緒：一開始，先想想這個人讓你覺得比較開心的地方。如果做不到的話，就再想另外一個題目。要破除負面的想法，轉向更正面的角度，你必須先接受一個觀點：你的想法創造出你所在的實相。接下來，你要認清楚，你有力量引導自己的思緒。再者，你要願意把你的思緒引導到給你良好感受的方向上，直到這個思考模式在你心中生根。

學會引導自己的思緒之後，最棒的是吸引力法則會立刻向你證明你的想法變好了。固有的模式雖然難以破除，而且你可能會不時又落入之前的思考模式，但你的努力所得到的證明無法磨滅。要不了多久，要避開負面的對話，或改善自己的行爲，就變得更加容易了，所有的關係都會出現改善。

睡前簡短的練習，就能轉化關係

當你躺在床上準備入睡前，假如你想到過去或現在讓你感覺很好的事物，或者期待未來能碰到這樣的事物，你就設定了隔天一早起來會體驗到的振動頻率。早上醒來恢復意識後，試著去回憶昨晚想到的東西，並重新奠定正向的思緒。這個小小的練習會改變人們回應你的方式。日復一日、夜復一夜，保持恆心持續地練習，新的思考模式就會出現，你的關係也會跟著轉化。

我期待從關係中得到什麼？

你有力量從別人身上引發出你想要的關係。但如果你把注意力放在當前的情勢上，就無法開創出新局面或改善現狀。宇宙和宇宙間所有有形和無形的成員，都會回應你發出的振動頻率；當你看到一件事情時所發出的振動頻率，和你想像一件事情時所發出的振動頻率，兩者之間並無區別……如果你想像你想要的生活，你就能吸引所有共同效力的元素。更重要的是，所有被你召喚而來的元素都會帶給你助力。這就是法則。

你有力量從別人身上引發出一段自由、成長和喜悅和諧的關係，因爲在每個人身上都有這樣的可能。每個人都有可能充滿了同理心、讓人覺得非常愉快、心胸非常開闊、想法非常積極；或者也有可能完全相反。你和別人相處的體驗，和你從他們身上引發出來的特質有關。

你是否有過這樣的經驗：和某個人相處的方法並非出自你的預期？你就突然這樣表現出來了。這就是你體驗到了別人的期望所發出的影響力。你是否注意到，小孩子的個性可能會因爲和他互動的成人而有所改變？他可能對某個人表現得很合作、很乖巧，對另一個人卻很頑固、很暴躁。這就是別人的期望所具有的影響力。

調整你的振動頻率以符合自己更大的視野，如此你就能深入創造世界的能量，來自周圍的人的正面反應也會讓你覺得很快樂。再也不要去責怪和你有所關係的人；你應該明白，這些體驗都是由你吸引而來的。能夠明白這一點，眞正的自由才會出現。

當你留心有形的你與內在的自己的更大視野之間的關係，訓練自己習慣本源給你的良好感受，當你和本來的面目達成一致的振動頻率，當你學會愛自己，那麼與你互動的所有人都會無法抗拒那股幸福的力量。他們會以愛回報，若非如此，他們就會被驅離你的體驗。

完美的伴侶應該具有哪些特質?

傑瑞:在成長、改變和演化的過程中,是否有個人可以一直是我完美的伴侶?我的意思是說,我曾經當過特技演員,當時我必須把伴侶丟得高高的,然後接住她,所以她的身高不能超過一百五十二公分,體重不能超過四十四公斤。許多年後,我遇見了伊絲特,她的身高體重對我來說一點都不重要,吸引我的是她的其他特質。她進入我的生命,成為我完美的伴侶。看來一夫一妻制,一輩子只跟一個人在一起,挑戰性頗高。

亞伯拉罕:你不斷經歷各種生命體驗,從這些體驗中持續產生出新的喜好。這個過程永遠不會停歇。你內在的自己在振動實相中接受並抓住這些發射出來的願望。也就是說,每次有新的體驗,或多或少都會讓你修正自己心目中想要的生活;而內在的自己會一直努力去符合新的想法。

透過專注的力量,你大多數時間都能讓自己保有良好的感受,你跟得上自己的振動實相,而這個實相也會自然地、安適地展現在你面前。換句話說,當你隨順個人的生命體驗以完美的方法開展時,你會一直覺得:這就是下一個必然的步驟。因此,不論你變成什麼樣子,新的伴侶對你來說都是「下一個必然的步驟」,而如果情況眞能如此,送走舊人迎來新人,就不會令你覺得不自在或不快樂。

我們的文化要你遵守以下這個承諾：「不論生病或任何情況，我都會永遠陪伴著你，至死不渝。」但這個說法沒有什麼道理，也很難做到。比較好的誓詞應該是：「我要把思緒導入正確的方向，好讓我永遠連結到我的本源和愛。若能這麼做，我一定會把最美好的一面不斷呈現給你。但願你對自己也有同樣的要求。我期待，在我們兩人努力維護個人跟本來面目的一致頻率時，我們彼此的關係也是一段充滿喜悅的持續擴展。」

我們的婚配受自然法則左右嗎？

傑瑞：我花了不少時間想要弄明白，什麼才是自然且正確的關係。我觀察過地球上其他動物，牠們大多不遵循一夫一妻制。母象會跟不只一頭公象交配，公雞會為了屬於自己的一群母雞而跟其他公雞鬥。我在想，假如人類在求偶時表現得更像動物一些，是否我們會變得更強而有力，畢竟「適者生存」不是嗎？從無形的角度來看，處理關係的方法有沒有對錯？我的問題是，怎樣才符合自然？

亞伯拉罕：有很多自然的力量確保人類的延續：足夠的多樣化、足夠的差異性、足夠的平衡。想要滿足飢餓口渴的自然衝動，確保你能夠生存下來；性衝動和尋找配偶的衝動，確證人類延續下來。我們對人類關係這個主題的關注，並不是因爲你需要調整行爲才能生存下去，人類並未瀕臨絕種。我們對人類關係感興趣，是希望你能活在喜悅中。

你從對比的體驗和過去的關係中所建立起來的振動暫存區，我們有幸能夠看得很清楚，也想要幫助你找到方法去調整自己的振動頻率，符合擴展後的創造，如此你才能享有豐富喜悅的生活。當過去的經驗讓你期望得到改善時，你就必須允許自己完全實現願望，不然你的喜悅就會消失。簡單地說，你必須追上生活爲你塑造的新面貌，否則你就感受不到喜悅。

當你進入有形的身體，對於你，我們知道最正確、最眞實、最自然的事情是：

- 你是本源能量的延伸。
- 你把有形的注意力放在體驗對比上。
- 你選擇要體驗對比，是爲了得到跟生命有關的新想法和決定。
- 這些跟生命有關的新想法和決定就等於宇宙的擴展。
- 宇宙的擴展是生命無可避免的結果。
- 當有形的生活導致無形的你開始擴展，如果你要體驗喜悅，就必須跟隨擴展。
- 喜悅是人類存在最自然的宗旨。

- 關係就是對比的基礎。
- 因此，關係是所有擴展的基礎。
- 因此，關係是喜悅的基礎。
- 如果你無法找到隨順喜悅的思維，你就阻礙了你的擴展。
- 你的關係就是擴展的原因。
- 你的關係通常也是你無法隨順擴展的原因。
- 處於喜悅的狀態，是很自然的。
- 處於成長的狀態，是很自然的。
- 處於自由的狀態，是很自然的。
- 要了解關係，以上這些就是最重要的事情。

對婚姻來說，怎樣才算自然？

傑瑞：在兩性關係中，一對一或一對多，哪一種比較自然呢？男人可以同時擁有好幾個妻子，或者女人可以同時有好幾個丈夫嗎？但我們的文化似乎不贊同這種想法。

亞伯拉罕：你的問題帶我們看到另一個非常普遍、卻又大錯特錯的前提：

錯誤前提13：生活方式有對也有錯。我們應該找出一個大家都認同的正確生活方式，然後強制實行這個方式。

這個錯誤的信念認爲，在混亂和變動中，所有的問題只有一個正確的解答。還好你們沒辦法強制執行這個錯誤的概念，否則一定會帶人類走向毀滅。也就是說，既然所有的擴展都出自新的意念和想法，這些意念和想法又產生自對比，那麼消除了對比，就會停止擴展。

別擔心，這絕對不會發生，因爲差異性的完美平衡已經建立好，隨著宇宙法則流動。我們在這裡討論這些事情，並非爲了延續香火或追求永恆，因爲這兩者都未遭遇危害。我們的目的是要你先了解這些事，如此你才能喜悅地生活下去。

你把這個要求發射進入振動暫存區，你的情緒引導系統會幫助你找到振動的一致。這個一致的頻率對你的滿足和擴展而言是必要的。除了這個法則，其他都不重要。

你周圍的法則，不論是宗教或世俗的，大多由無法和更大的視野達成一致頻率的人所制訂而成。人類建立法則的出發點，多半是奠基於不想要的東西。因此，很多人花了無數的時間爭論哪些法則對、哪些法則錯，結果就讓自己偏離了擴展的觀點。然後他們以自己感受到的負面情緒（他們脫離了本源，才會有這些負面情緒）當作爭論的正當理由。

不要再去爭辯什麼是對、什麼是錯，找到讓你充滿愛的想法、言詞和行為，和本源達成一致的振動頻率，你就會了解你可以和擁有不同信念和行為的人和平共存於地球上。

若能轉移注意力，讓自己跟本源享有同樣的振動頻率，就算其他人跟你選擇不同的行為模式，你依然能夠拋開束縛，不再試著要讓所有人就正確的方式達成共識。堅持只有一種正確的方式，只會通往滅亡。很多正確的方式，才能讓世界永恆地擴展。

有些人認為需要以法律去控制周圍的人，因為他們認為他人的行為會帶來負面的影響。但當你了解，除非透過思緒的召喚，否則沒有任何事物能夠進入你的體驗，接著你就明白了，你能夠放下那看似不可能的任務，不要去控制別人的行為，轉而控制自身的思緒。

我們要再次提醒你隨順的藝術：讓你的振動頻率符合你的現狀和你的願望。在這個無限廣大、充滿差異性的世界，一定有足夠的空間容納你想要的一切。你會看到一些可怕又討厭的事情，是因爲有人不願意隨順原本可以存在的幸福。吸引力法則控制了所有跟振動頻率有關的事物（所有的事物都在振動）。你不需要改變法則，法則原本就存在了。如果你專心去了解和運用隨順的藝術，不論周圍的人在做什麼，你都能活在喜悅中。別忘了，當你把注意力放在不開心的人身上，你就無法力行隨順的藝術。

我們一定會吸引具有相同感覺的人嗎？

提問者：如果能找到一個讓我覺得自己很棒的伴侶，應該不錯吧？

亞伯拉罕：當然。當別人把你視爲關注的焦點，同時對你表達出讚賞之意，一定會讓你覺得非常快樂，因爲他們跟自己的本源保持一致的振動頻率，也讓一致的能量朝著你的方向流過來。能夠表現出讚賞，或接受別人的讚賞，感覺一定很不錯。但是，不要依賴別人投注給你的正面的注意力，才能讓你感覺良好。向自己證明，不論你是否處在某人正向的流動中，你都能連結到自己無形的源流上。你有自己的連結，只要多練習，你就一定能達到平衡；反之，如果你等著別人達成一致的頻率，然後把注意力放在你身上，你的感覺就必須依賴別人的行為，可是對方不一定能長久保持一致頻率，或許你也不一定永遠是他關注的焦點。

大多數的關係在一開始時感覺比較好，是因為在一開始時，彼此都努力地想從對方身上找到正面的優點。由於關係才剛開始，你還沒發現對方的缺點，但隨著時間過去，很容易會看到彼此更多的缺點，你也不像從前那樣努力保持樂觀的期望。

如果你和本源的連結不需要依靠任何人，你就會發現眞正的自由——你將擺脫唯一能束縛你的事物：抗拒本來的面目。

是否眞有完美的伴侶？

傑瑞：如果世界上只有兩個人，我們能夠從中創造出我們想要的東西嗎？我們能在對方身上找到完美伴侶的特質嗎？

亞伯拉罕：首先，你一定要明白，如果世界上只有兩個人，你經歷過的對比體驗就會非常稀少，你的願望也不會有多大的改善。然而，在條件受限的情況下，你的願望也會受限，所以很有可能在這受限的生命中，你還滿快樂的。但你提出這個很難成眞的假設，重點並不在此。你的重點是：「如果在宇宙間的所有分子中，都有想要和不想要的東西，爲什麼我不能在所有的事物上找到想要的東西？如果我把注意力放在想要的東西上，吸引力法則不是會帶給我更多嗎？」

答案是肯定的。

不論你在哪裡，尋找正面的事物一定會讓你的未來變得更好。因此，就算你正在忍受一段可怕的關係，從對比中一定會生出願望，你會希望自己變得更好，而內在的本源就會全心全意去達成這個願望。只要能找到正面的事物，並移轉注意力，你就能調整自己，隨順從對比中萌發出來、更偉大的願望。不斷發出正面的振動頻率，你就會看到具體的彰顯。如果（在你這個極端的假設中）世界上除了你之外只剩下另一個人，你的願望就一定要靠對方來滿足。不過，還好你有一個更廣大、更願意爲你效力的環境。

提問者：關於完美的伴侶會是什麼樣子，某位很有智慧的人說：「完美的伴侶會讓你展現出最好的一面，也會把你最壞的一面顯現出來。」你們覺得呢？

亞伯拉罕：這個說法有點像我們所說的充滿對比的世界。也就是說，每次你知道自己不要什麼，就會更清楚自己想要什麼。所以這個伴侶等於幫你踏出宇宙法則的第一個步驟：提出要求。要建立起一段成功、快樂的關係，端視你是否能把注意力放在這個伴侶激發你發射出來的願望上。如果你的伴侶不斷喚起你我知道我不想要什麼的意念，你也不斷發射出你眞正想要什麼的願望；如果你能把絕大部分的注意力都放在眞正想要的東西上，那麼，當你的頻率達成一致後，你的影響力就變得很強，他也會停止負面的批評。如果他的批評強到會妨礙你持續隨順的狀態，那他就無法留在你的體驗裡。吸引力法則會把你們放在不同的地方。

Sexuality, and the Law of Attraction

第三部

慾望與吸引力法則

性、慾望及他人觀感

性、性慾和情慾

傑瑞：性和慾望似乎是很敏感的話題，每每提到這個問題時，很多人會充滿防衛心且看法激烈。大約兩歲的時候，我跟一個小女孩躲在木箱裡玩，那是我第一次跟性這件事扯得上關係的體驗，結果可慘了。被大人抓到的時候，我們兩個人都沒穿褲子，最後被狠狠修理了一頓。

我記得小時候曾經聽到父母爲了房事吵架。我媽說她已經生了三個小孩，對性這檔事興趣缺缺，如果我爸很在意這件事，就該去找別的女人。我也記得年紀還小的時候，我認識的男孩女孩以及我自己，每個人都有不同的經驗，但眞的到了性成熟的年齡，或許因爲性總是會讓人聯想到羞恥的事，所以我很擔心害怕，拚命克制，努力避開這個話題。我覺得那段時間好漫長，接著我才跨過性的障礙，開始享受美好的性愛體驗。

我想聽聽你們對於人類的性有什麼看法，或許可以釐清這個主題，讓大家的感受都變得更好。

亞伯拉罕：小時候，你們碰到的大人大都和自己的價値感與幸福感失去了連結，在那匱乏、缺乏連結的狀態下，他們把戒心傳遞給你。

隨著時間經過，人類不斷評估性這個主題，通過新的法案、修改舊的法律、白費力氣地討論出應有的態度和做法，更徒勞無功的是，他們從匱乏的狀態去推行他們所創設的規範。與性有關的規則或法律，在每個文化、每個時代、每個社會、每種宗教中都不一樣，但幾乎在所有的情況下，相關的法律都會受當代的經濟所影響。更重要的是，跟其他的法律規定一樣，制定與性相關的法律和規則的人，早就和更大的視野失去了一致的振動頻率。

如果人類能了解，你們的存在就是一種振動頻率，吸引力法則只會帶來與你振動頻率一致的事物，如此一來你就不會那麼擔心別人的行爲會帶給你負面的影響。但是你不知道自己究竟是如何吸引事物前來，因著恐懼不想要的事物即將來到，所以你做出決定，制定法律和規則，但這些法規除了無法實踐，也會讓你想要消除的行爲更爲增強。**你愈努力推走你不想要的東西，不想要的東西愈容易進入你的體驗。**

到目前爲止，講到性，最大的反抗聲浪來自各種宗教團體，他們相信神已經開示過人類，就這個主題給了明確的指示。當接受指示的人抱持著責備或防衛之心，再加上每個人相信自己所接收到的訊息都不一樣，所以根本無法接收到本源純粹的愛所發出的解答。「我聽到的才對，你們聽到的都是錯的。」光有這個想法，你就會抗拒本源給你的訊息，而你卻堅持自己已經接收到了。這帶我們看到所有錯誤前提中最重要的一個：

錯誤前提14：有個萬能的天神存在，祂衡量過所有的事物後，就萬事萬物做出正確的最終結論。

這個錯誤前提，或者說這種信念，就是你們之所以不斷抨擊人性的原因。它也是戰爭、偏見、恨意、自我貶抑的感覺來源；也是你妨礙自己得到幸福的主要理由。這個錯誤的前提非常重要，縱橫交錯的意義無邊無際，光講到人類對自己、對別人、對他口中的神所抱持的扭曲觀點，就可以寫成一本書了。這個錯誤的主張大錯特錯，它以爲本源（你也可以用其他的名詞來稱呼）不再繼續擴展，而是處在一個完美的境地，並要求你遵循所它所訂下的狹隘規定，但這麼做除了違反宇宙法則，還帶來另一個錯誤前提，以及之後無數的錯誤前提。脫離了本源的愛所散發出來的振動頻率，人類變得充滿防備、互相責怪、有罪惡感、擔心懼怕，然後把這些特質歸咎給他們口中的神。

人類繼續爭論由神所流傳下來的規則，然後又按著個別經濟的需求竄改扭曲這些規則。通常是由宗教領袖來告知人們遵守這些規則的價值或必要性。有人告訴你，遵守規則，就會得到祝福，而破壞規則，就會受到懲罰；但是當你看到有些犯法的人卻享受榮華富貴，努力守法的人卻常常受苦受難，這表示你聽到其實是一個非常嚴重的錯誤前提：

錯誤前提15：當你仍在有形的身體中，你無法得知實際行為會帶來什麼樣的獎賞或懲罰。在身體死亡後，你才會看到那些獎賞或懲罰。

支持萬事萬物、散發愛的法則具有普遍性，而且永遠適用。和這些法則達成一致的振動頻率，你無時無刻都能感受到和諧；若是振動頻率不一致，你也會時時刻刻感受到不和諧。感覺有愛，就是愛；感覺憤恨，就不是愛。

很多人希望能找到適當的生活方式，但從無窮無盡的差異性中要篩選出適當的行爲，大多數人都會踟躕不前，不知道自己走得對不對。這又帶我們看到另一個錯誤的前提：

錯誤前提16：收集資料，了解過去和現在地球上的生命所展現出來的生活方式，以及其結果，我們就能有效地分出絕對的對錯。一旦做好決定，我們就只要執行這些結論。讓大家都同意我們的決定，更重要的是，讓眾人遵守決定，我們就能和諧共存。

每天都有人爲了防衛或證明什麼才是正確的生活方式而付出生命，每個團體都自稱得到了神的認可和支持，但是在其中，我們看不到任何與神的眞正連結。

你誕生進入有形身體的目的，並不是爲了收集所有的想法，然後去蕪存菁，留下少數幾個人人都同意的想法。事實上，這跟你誕生前的目的完全相反。你知道你會進入一個充滿多樣性的環境，以差異和選擇作爲舞台，生出更多創新的想法。你明白人類口中的神具有永恆的特質，而你的參與會增強這種特質。你知道這對比顯明的舞台就是永恆擴展的基礎，它就存在於人類口中的「永恆」。神的擴展並無終點，而人類的參與無法自外於那樣的擴展。

人類搞不清楚自己跟神或本源的關係，所造成最具毀滅性的結果，是他們認爲必須反抗別人的價值觀，以尋找並捍衛自己的價值觀。由於天性讓他們把注意力放在不想要的地方，並對抗那些不想要的東西，使得他們的振動頻率愈來愈偏離想要的美善和本源。感到空虛後，他們會責怪別人身上和自己不一樣的地方，這裡我們要提到下一個錯誤前提：

錯誤前提17：只有特定的人，好比我們的團體領袖，才能從神那邊接收到正確的訊息。其他的訊息使者所接收到的訊息都是不正確的。

有趣的是，在與性相關的討論中，我們不僅揭露了最嚴重的錯誤前提，我們也看到性是人類存在的關鍵。但由於失去了和本源的連結，與性相關的主題變得令人困擾，而其根源則是自我嫌棄的感覺。

很少有人能夠找到自認爲正確的行爲模式，然後自律地根據那樣的模式行事，因爲從更廣的認知所激發的自然本能，正好違逆了人類訂下的重重規定。

與性相關的規則從何而來？

傑瑞：對我們來說，什麼是自然的本性？又什麼會違反更高的法則？舉例來說，觀察世界各地的文化，或閱讀相關書籍，不論是多麼原始或先進的文化，每種文化似乎都有性的禁忌和規則，這些禁忌規則控制著人們的行爲。我很好奇這些禁忌和規則是來自我們更深的認知或內在的自己嗎？

亞伯拉罕：禁忌或規則並非來自內在的自己，也不是來自你更深的認知或無形的觀點，它們是從你有形的弱點產生出來的。不論宗教或世俗，所有的法則都來自匱乏的觀點，想要保護或預防某些人不去做某些事情。如果你眞的注意到這些法則引發了哪些問題，你就明白這些法則並無法阻止犯法的人。它們只會妨礙不會犯法的人，限制大家的自由，並讓那些想要透過順從來得到認可的人感到困惑。

聽到鳥叫聲了嗎？（亞伯拉罕指出在室內聽到了大自然的聲音。）那叫聲充滿性暗示。剛才公雞啼叫的聲音響亮，讓你一度考慮要停止錄音。換句話說，你們的世界充滿了接收無形世界指引的生物。然而，講到性，只有人類會充滿防備，表現出抗拒；討論到性愛，只有人類才會處在無比匱乏的狀態中。由於匱乏，由於你擔心自己可能做錯了什麼，由於前人在你心裡留下了陰影，所以大多數人一講到性就覺得很困惑，感受不到喜悅。

性慾受衝動左右，而非法則

傑瑞：所以無形的範疇並沒有告訴我們，在有形的世界中要遵守哪些與性相關的行爲法則，因此當我們誕生進入有形的身體時，我們還不知道有什麼規則，因爲規則並未同時來到。這就是爲什麼天眞無邪的小孩子表現出來的行爲，在成人眼中過於放肆？於是大人才會覺得要約束或控制小孩？

亞伯拉罕：你並未帶著對錯的記憶清單誕生進入有形的身體，因爲對錯根本不存在，但你一生下來就有功效強大的引導系統。對於同一個主題，你的大腦所關注的事物，和你從更廣的無形角度所採取的觀點，兩者之間的振動頻率是否一致，可以透過你感受到的情緒顯現出來。

既然內在的本源會永恆擴展，你的理解力、觀點、意念，以及對自我的知識也會一直擴展。這就是爲什麼好壞對錯永遠不可能有一定的標準，供你衡量自己的體驗。每個思緒，每個時刻，你都具有個別且獨特的反應，能幫助你了解自己什麼時候跟那更大的視野保持一致的振動頻率，什麼時候又無法一致。從本源發出的引導不只一種，在時空中的每一點，在所有的情況下，有形世界的存在者都有個別的引導。

如果你想讓剛誕生來到這個社會裡的人適應社會的生活，但你卻察覺不到自己的引導系統，也因此察覺不到他們的引導系統，那麼你會想去決定什麼才是正確的行爲，然而這根本是不可能做到的事。更不可能的任務，是強制大家遵守你的決定。

很多人之所以覺得必須控制別人的行爲，是因爲他們相信其他人有能力進入他們的體驗。切記，沒有你的振動邀請，沒有任何事物可以進入你的體驗，只要你把注意力放在自己的振動頻率上，就不必費力去做那些控制別人行爲的不可能任務。別忘了，雖然他人的行爲可能得不到你的贊同，但他們形形色色的行爲會增進地球的均衡和幸福；你不必介入你不想要的行爲，你也不會介入，除非你把注意力放在它上面；你會願意讓別人用自己選擇的方式過生活。

如果你想要控制別人，一定是因爲你誤解了宇宙法則，也誤解了和其他共享地球者的關係。這裡又出現了一個非常嚴重的錯誤前提：

錯誤前提18：找出人們不想要的事物，我們就可以消除它們。沒有了這些東西，我

們會更加自由。

真正的自由是沒有任何抗拒的；眞正的自由是振動頻率達成一致；當你再也不抗拒跟自己更大的視野享有一致的振動頻率，這時的感受就是眞正的自由。因此，如果你排斥不想要的東西，就不可能同時和本來的面目及你想要的東西融合。在推走不想要的東西的同時，你不可能跟你想要的東西保持和諧。想要去控制別人，不論你自認動機多麼良善，你絕對不會因此得到更好的感受。

你生來並不知道正確的行爲規則是什麼，但你一定會感覺到衝動。換句話說，覺得口渴，就有想要喝水的衝動，肚子餓了，就會想吃東西，補充身體的燃料，同理可證，性的感受或衝動也是自然天生的，是地球上物種永續留存的要素。

假如人類的性跟動物一樣呢？

傑瑞：那麼再回到動物身上，牠們似乎能跟著無形的引導或我們所謂的本能行事……公雞和母雞沒有必須遵守的法律或規則，牠們遵循的是內在的定律。因此，如果我們誕生在這個地球上，從沒有規則的全新狀態開始，感覺上我們應該能靠著內在的自己行事，不需要外來的限制。然而，我們卻生在處處規則和控制的社會及文化中，且強迫我們要遵循這些規則。

亞伯拉罕：我們最希望你能了解的一件事，是身爲人類，你也有來自內在的引導。你的引導、你天生的認知、你對自己的感覺（也就是你本來的面目永恆的本質）是你內在的主導力量。雖然你的確相信其他人設下的控制會阻礙你，但我們要你知道，這樣的控制其實並不如你以爲的那麼重要，阻礙的力道也沒有那麼強，因爲你與生俱來的無形衝動更爲強烈。

就算社會針對你們的性行爲訂下無數的規則或法律，大多數人寧可破壞規則（總是如此），也不願遵守規則。那是因爲你的無形衝動太強了。如果政府或控制機構告訴你，你再也不能吃東西，但爲了生存，你天生的衝動會勝出，你會想盡辦法去吃到東西。

想要放縱行爲，不受法律、規則以及對性的誤解所束縛，你們其實不需要這本書，因爲你們天生的衝動很強，實際上的行爲一點也不像有任何的束縛。也就說是，你與生俱來的本能和衝動，強到會左右你的行爲。這些不符合實際的規則之所以被創造出來，是爲了控制行爲，而當你以此衡量你的行爲時，情緒就會受到干擾。換句話說，你的行爲合乎自然，卻讓你覺得不快樂。

只要想去控制他人的行爲，你們就永遠找不到快樂，也不知道眞正的自由有多麼甘美。你們眞正要尋求的，是控制自己的想法，和更大的視野達成振動頻率一致。

如果個人獨特的性不被社會認同怎麼辦？

傑瑞：假如某項行爲讓你感覺很好，但當你想到別人會怎麼看待你時，就失去好的感受，對此你們有什麼建議嗎？

亞伯拉罕：我們會說，現在你偏離了軌道，因爲你想用其他人的意見來引導自己的行動，但唯一的引導，應該來自你的想法和本源更大的視野達成一致（或不一致）的振動頻率時，你所感受到的情緒。

當你從無形進入有形時，沒有人眞的知道你的想法。他們無法親身體驗你所經歷的無數互動，你在生活中發出的願望也沒有包含他們。你利用生活體驗創造出來的振動頻率他們也不知道，你透過情緒感覺到的和諧或不和諧（隨順或抗拒）也跟他們無關。

你的問題很重要，因爲透過這個問題，你試著了解自己的哪些情緒是可以相信或跟隨的：想到個人的體驗時，會出現對應的好情緒；察覺到別人的不認同時，會出現對應的壞情緒。

你要知道你有一套情緒引導系統，以及這套系統如何運作，再也沒有比這更重要的事了，失去這個系統，你就失去持續的引導。不論在任何時刻，你所感受到的情緒，指出了你在情緒當下的思維跟本源的振動頻率是否相符。如果你能明白，在你進入身體之後，內在的自己透過生活體驗變成所有體驗的振動頻率總和，所發出的振動頻率符合一切美好的事物；如果你能明白，你的情緒反應了目前的思維和本源全知、純粹、正向能量的觀點如何融爲一體——如此一來，你便能完全了解自己的情緒。

當你感受到負面的情緒時，表示你目前的想法一定脫離了本源的知識。也就是說，當你挑剔自己的毛病時，當你決定自己不好、沒有價值時，你一定會感受到負面的情緒，因爲內在的本源對你只有愛。當你不贊同別人的行爲時，你一定會感受到負面的情緒，因爲內在的本源對別人也只有愛。負面的情緒出現時，表示你跟本源的振動頻率不一致，只要記住這一點，就能改變自己的思緒，調整振動頻率。這就是有效利用引導系統的方法。

有些人想要改變自己的行爲去討好其他人，這麼做等於放棄了引導系統，他們很快就會發現這樣的做法充滿矛盾，讓自己無所適從。很多人和自己的引導系統失去有意識的連結，他們沒有把思緒集中在和本源及力量取得和諧一致的振動頻率，他們不確定自己的振動頻率能否一直符合澄澈的想法、愛和力量，結果他們把注意力放在他們和周遭其他人的想法上。也就是說，他們檢驗、分類、評估、判斷周圍事物所創造出來的振動頻率，把這些結果依好壞對錯分類。在茫茫的資料中，他們找不到自己的路。

有各種不同的意見、不同的情況、不同的動機，你們根本無法把社會中的人際行爲劃分成對或錯。就算你們或多或少能達成普遍的共識，決定社會該採用哪一種生活方式，但也無法說服所有人接受你們的意見。就算你們同心協力，宣布用法律制裁「不適當的」行爲，但你們也沒有辦法能強制執行這些法律……社會一直想要去規定和強迫人類的行爲，以討好大多數的人，但由於人類的差異性，所以這樣的作爲持續帶來痛苦掙扎，一次又一次，造成經濟的衰退。簡單地說，世界上沒有足夠的錢可以去阻擋個人自由和獨立思維的自然天性。

人們都忘了這是一個納入型的宇宙，由吸引力法則掌管，一切的機緣都要根據這樣的法則，而大家卻害怕著一件永遠不會發生的事：他們怕不想要的東西會不請自來。你未邀請的事物，絕不會進入你的體驗，你想要和不想要的東西之所以會靠過來，是因爲你對它們投入相當多的思緒，當你了解這一點，你就能用自己有力的情緒引導系統，確保你眞的能創造出自己的實相。

如果大家單單注意到內在的和諧或不和諧（以正面或負面情緒的形式出現），想要去控制他人行為這種艱鉅且不可能的任務，就不會出現了。

刻意把思緒導向更廣闊的領會，再也不要把時間和金錢浪費在無法控制的事物上，這麼做除了能和本源達成一致的振動頻率，感受到情緒上的慰藉，你想要的東西也會來到你眼前。

再回到前面那個有力的問題……不管他人的意見、規則和不贊同，當你對於一個行為或行動的想法能帶給你愉快的感覺時，你的想法就得到內在本源的認可。想到自己不好的地方，你會覺得很難過，因為你認為別人會批評你（有可能是眞的，也有可能是你的想像），但這種想法無法獲得內在本源的贊同。

想把過去和現在社會中所有的行為加以分類；想要把周遭所有人的意見都加以分類；想要審查所有的法律；想了解法律從何而來；想評估法律的演進；想要實踐或施行所有的法律……這些行動令人困惑，不知該如何是好，而且根本做不到。

要明白本源、無窮的智慧、內在的自己，以及神是否同意你的想法、言語或行動，只要注意你的感受是好是壞就知道了。

想要找到內心的和諧，你一定要撇開想要得到他人贊同的願望，先得到自己的贊同。做法要由內而外，先承認你希望有良好的感覺，而且生活體驗要跟美好的事物和諧一致。如果你從這裡開始，我們向你保證，你所體驗或還在考慮階段的行動，絕對不會讓你覺得自己違背了內心更重要的對錯之分。

誰來決定人類的性階層？

傑瑞：評估過我們文化中對性的態度，我覺得似乎可以把人分爲幾個階層：最上面的是神父，他們沒有性行爲；再來是一般百姓，他們有性行爲，但只是爲了孕育下一代；在階層的最下面，則是純粹追求肉體愉悅的人。但似乎每個人或多或少都具備了這些角色……

亞伯拉罕：我們必須打斷你的話，因爲這些想法都來自匱乏，會這麼想的人都覺得自己沒有價值。

你的物質生活體驗脫離不了感官享受。你來到這個有形的領域，五官都會派上用場，用眼睛看、用耳朵聽、用鼻子聞、用皮膚感覺、用舌頭嚐味道。在這宇宙前緣的時空中，充斥著錯綜複雜的振動詮釋，它們皆來自你的身體感覺，所有的一切都是爲了增強你的身體體驗。

如果你注意自己的情緒，就能幫助你表現出適當的行為，你也會了解價值就在你的核心。不需要去找出人類何時開始停止相信自身的價值，也不可能找得到。當人類試著去尋求一個「正確」的答案，或一個「正確」的行為時，就會產生比較，長久下來就切斷了和本源的連結，慢慢造成了自我價值的腐蝕。現在，有種無價值感在你們的地球上蔓延，人類大多數的思想都朝著匱乏的方向前進，讓你們跟本源、愛和幸福的振動頻率漸行漸遠。

你在這裡的身體是本源能量的延伸，你體驗著具體的對比，做出具體的新選擇，了解生命的美好，而你每次的體驗都會提出一個問題，本源的體驗會生出對等的答案。因此，想要生存、探索和體驗對比的意願，讓你持續產生新的願望——你所體驗到的讓一切萬有得以擴展。

當你一心想要找到會帶來美好感受的想法時，你就最接近內在本源的振動頻率，心中長存的美好感受也表示你正在成就存在的理由，你也會繼續追上自身的擴展。

每一項體驗都會讓你擴展，正面的情緒表示你跟得上擴展，負面情緒則表示你大致上已經進入了擴展的空間，但你還在抗拒。因此，注意自己的感覺，繼續追求令人感覺美好的想法，如此就能建立起一致振動的頻率，而當你脫離已經成就的美善時，你也能立即發現。

我們向你們保證，當你做了一個不符合內在充滿喜悅及愛的本源的行爲時，你一定會感受到非常強烈的負面情緒……很多人的振動頻率已經完全跟內在的本源不一致，他們譴責其他人，堅持自己站在正義的一邊。但是，他們內心燃燒的憤怒，證明了他們根本無法隨順自己口中所說的公正。憤怒、仇恨和譴責絕對不是跟你們口中的神振動一致的象徵，反而表示你完全脫離了神。

有人會說：「那麼我內心的罪惡感一定表示我做了邪惡或不對的事情。」但我們要你明白，負面的情緒只是表示你內在振動的想法不符合本源的振動頻率。本源依然愛你。當你不愛你自己時，就會感到不和諧。

如果我們是你，當某個行動會導致負面的情緒時，我們就會放棄行動，先去解決負面的情緒。我們要先確定自己跟本源達成一致的振動頻率，然後才動手去做。過了一段時間（通常是很短的時間），感受到更好的情緒後，你就能感覺到本源的和諧；你也會知道你的行爲是否恰當。我們不會查看對錯的清單，而是去感覺和本源頻率一致時的情緒。

感受到負面的情緒並不表示你是壞人。出現負面情緒時，表示你當下活躍的想法跟本源當下對同樣一件事的想法不和諧。假如你認爲性愛是不對的，而你又即將進入性愛過程，你所產生的負面情緒並非確認性愛是錯的，而是證實在這個時刻，你對你的行爲和對你自己的想法，不符合本源對你的感覺。停下腳步，找出對自己充滿愛和認同的想法，不和諧的感覺就會消失。

通常在身體中度過五六十或七十年以後，你就能很清楚地察覺到你無法討好所有的人。事實上，你大概也明白了你無法討好很多人，因爲大家想從你身上得到的東西都不一樣。想要透過別人的認可來引導自己，結果只是徒勞無功，且讓自己痛苦萬分。但你可以信任內在的引導。你可以信任的應該也只有這樣東西了，因爲內在的引導完全了解你本來的面目和你現在的面目，以及你與那擴展存在的振動關係。

了解你跟內在本源的關係，察覺到自己的情緒引導系統（持續指明你跟本源的振動關係），你就不可能偏離本性的圓滿跟美善。

要怎麼協調我們在性方面的共同創造？

傑瑞：生育下一代似乎是人類的本能，我們也天生就想要享受感官的歡愉。我相信，我們也天生就想要透過思想來創造。但講到性，就會想到共同創造，其牽涉到兩個人的願望、信念和想法。兩個不同的人，經歷不同的體驗後，如何才能繼續在和諧的狀態中共同創造呢？我跟伴侶都不斷在改變，要怎麼協調我們兩人的願望？

亞伯拉罕：在前一個問題中我們討論過，想要跟伴侶達成和諧的願望，絕對不能變成想要去尋求伴侶認同。在關係中，最糟糕的莫過於在希望得到共識時卻感到失去自由。這帶我們看到下一個錯誤前提：

錯誤前提19：一段良好的關係，就是置身其中的兩個人都希望彼此意見一致且和諧共處。

想要讓兩人和諧共處，怎麼會是良好關係和快樂生活的錯誤基礎呢？兩人都創造了自己的振動暫存區（振動實相），想要快樂的話，就一定要尋求和諧。但如果和伴侶取得和諧的重要性超越了跟內在本源的和諧，你和本源之間可能就會出現不協調。那種不協調的感覺會轉變成失去自由的感受，雖然你眞的很想跟伴侶和諧共處，卻覺得對方愈來愈差勁。和自己的本源失去連結，你就覺得生活變味了，也偏離了；然後，即使不願意，你也會開始憎恨原本想要討好的伴侶。簡言之說，與本源的頻率一致是無可取代的。

你想得到愛，卻找錯了地方。我們並不是說，跟伴侶和諧共處不是你追尋的目標。但我們強調，一定要先跟本源達成一致的振動頻率，享受這麼做的益處。當你跟內在的本源達成一致的振動頻率，你也會跟最遠的擴展達成頻率一致。當你的振動頻率符合本來的面目和你的現狀，你就能和伴侶享有美好和諧的關係。

成雙成對的人，或共同創造的人，如果想靠著討好別人來找到和諧，一定會看到這個前提中的錯誤。如果你不先自私點，跟本源達成和諧，你就什麼都沒有辦法給你的伴侶。

如果你覺得讓伴侶開心是你的責任，你也很努力表現出能讓伴侶高興的行爲，最終其實只會讓對方不快樂到了極點，因爲你讓對方依賴你和你的行爲來得到美好的感覺，卻也讓他忘了要跟本源的振動頻率達到一致。不論你多麼會討好別人，也不論你多麼努力，你終究無法取代伴侶跟其本源的一致振動頻率。

你想要傳達給共同創造的夥伴是以下的訊息：「我絕對不會要你爲我的感受負責。我可以集中注意力，達成跟本源一致的振動頻率，因此我有能力給自己美好的感受。」如果你內心眞的這麼想，你就發現了通往眞正自由和眞正快樂的唯一道路。但如果你的快樂要依靠他人的想法、信念或行爲，你就走進了死胡同，因爲你無法控制任何人。

對性的恐懼破壞肌膚相觸的快感

傑瑞：我想提出其他人問的一些問題。這些都是眞實的案例，發生在一般人身上，我希望你們能根據法則和你們教導過我們的過程來解答。

一位年輕女士說：「性讓我母親和我都覺得很不自在。我們不喜歡聽別人談起，也不喜歡讀到，或在電視上看到，甚至眞的發生性行爲。我想這是因爲我母親對性有很強烈的負面感受。現在我也很怕伴侶觸摸我，因爲他接下來可能會向我求歡。我想要幸福的婚姻，但要如何才能拋開性帶來的恐懼，體驗感官享受和身體碰觸？」

亞伯拉罕：大多數人聽到這名女性的看法都會反應激烈。有些人會覺得她的丈夫很可憐，竟然有個對性愛這麼排斥的妻子，有些人則認同她的感受。如果這名女性的配偶跟她有不一樣的性體驗，那麼講到性，他們總是會覺得很不自在。

我們要你了解（通常也是大多數人難以了解的事）：這段對話，以及我們最終要提出的解決方法，跟性的行爲無關，因爲性行爲的對錯沒有規則可言。針對某個主題產生強烈的負面情緒，表示這個主題長久以來在你心中引發的想法，跟本源的觀點出現了很大的落差。

舉例來說，假如你是一個年輕女孩（年齡不是重點，但這些問題通常都在小時候就出現了），你對性這個主題所說的話或所做的行爲招來別人強烈的不贊同，很有可能你會做出結論，認爲你說的話或做的事是不適當的，就連你的想法也不對。你把這種空虛的感覺定義爲罪惡感，你認爲這就是你做錯事、說錯話，或想法錯誤的證明。但情緒引導系統給你的引導卻非常不一樣：你的罪惡感其實只是指出你對自己不適當的言行的看法跟內在的本源截然不同。也就是說，你譴責自己，但本源並不譴責你。

你生來最想要的就是認清自己的價値與長處，如果心裡的想法一直否決那個願望，你就會感覺不好。如果你認定某項行爲很好，付諸行動時就會有更好的感覺。但是當你試著要把行爲分成好壞對錯時，你的生活就會變得複雜難解。

比方說，如果你認爲，一個好太太會配合丈夫的需要，那麼當你拒絕丈夫的求歡時，你就會覺得自己很糟糕。如果你認爲性愛不對，當你拒絕丈夫的求歡時，你也會覺得不好過。因此，不論你接受與否，你都覺得很不開心。這個問題根本無法解決。過了一段時間，你會認定他的性需求是不對的。

但我們要你了解，你感覺到的這些情緒都跟對方的要求或行爲是對是錯沒有關係。

你對某件事的想法是否符合內在的自己的想法，才是決定情緒的唯一要素。你決定自己做錯了事，你就和本源脫離了一致的振動頻率。而當你決定丈夫的行爲不對時，你的振動頻率也絕對不可能符合本源。如果你決定母親影響你對性的看法是不對的，你跟本源也無法享有一致的振動頻率。

比方說，透過生活體驗，你決定了你不想參與特定的行動，不論跟性有沒有關係。再比方說，你沒有花時間去思考在這方面你不想要什麼，所以內在也沒有相關的振動頻率。在這樣的情況下，有力的吸引力法則就會帶給你一個跟你意見完全一致的伴侶，你們不需要掙扎，就能和諧地生活。

現在，假設說，集合了無數的生活體驗後，你已經決定不想要參與某項行動。你在年輕的時候就下了這個決定。事實上，你從自己信任的母親身上學到這一點。這對你來說是個很重大的決定。你讀了很多相關的書，也找人做了諮詢。你非常清楚你不想要什麼；你也爲自己的決定找到了足夠的理由。在這種情況下，吸引力法則不可能帶給你和你意見一致的伴侶，因爲你就這個主題發出的振動頻率跟你的決定不一致。所以你吸引到的伴侶會跟你想要的完全相反。

我們並不想引導你接納或反對性行爲，但我們眞的希望你能了解這是另一個「原地踏步」的例子。繼續發出由你不想要的東西組成的振動頻率，你就無法得到你想要的。

我們也希望你能了解，當你注意到自己的感受，並刻意將思緒導向讓你感覺良好的事物，你就能認識更廣的無形願望的本質。你感受到的負面情緒，主要並不是因為你想的東西錯了，而是因為你責難本源並未責怪的事物。你的本源充滿了愛，而非充滿譴責。

因此，隨著時間經過，你的振動頻率愈來愈符合內在的本源，我們向你保證，你對感官的感受一定會重現。因爲你誕生進入有形的身體，就是爲了要探索和享受身體存在的美妙本質。我們從未看過任何跟本源振動頻率一致的人，會厭惡身體的互動行爲。厭惡就表示跟本源失去連結。

總是有機會從頭開始

傑瑞：亞伯拉罕，認識你們之前，我覺得生活就像走在一條分岔的道路上。我可以選擇這條叉路或那條叉路；如果我發現生活似乎出現了問題，我可以返回上一個分叉點，重新選擇一條或許結果會比較好的路。但你們好像是說，我不用折回去，隨時都可以從頭開始。

亞伯拉罕：你這樣的譬喻並沒有考慮到一個因素，也就是當你走在路上而覺得不開心的時候，也就是當你感覺不對勁時，你會發出振動頻率，希望能得到等量的改善或解決方法。當你這麼做的時候，修改後的新願望就進入頻率暫存區。此外，無形的你也變成擴展後的存在，享受更好的體驗。你不需要返回之前的有形觀點，也不可能返回。生命推動你向前。更重要的是，那擴展後的你也在呼喚你；如果你仔細聆聽，眼前就會出現一條照明充足且順暢的道路。

如何重拾歡愉性愛的頻率？

傑瑞：除了剛才討論過那個年輕女性的問題，另外有位先生說：「婚後頭三個月，我跟我老婆每天都要做三、四次愛。現在，才過沒幾年，我老婆就已經不喜歡性愛了。如果我不採取主動，我們就沒有性生活。她不喜歡心智受到任何形式的刺激，像是言詞、電影或書本。她也不讓任何事物擾亂她已經定下的方向。如果她不喜歡，我就不想跟她做愛，因為如果她覺得不享受，我也覺得不享受。我必須改變什麼，才能改變我現在的體驗呢？」

亞伯拉罕：很多人發現自己陷入麻煩，找不到可行的解決方法：「既然我老婆不要性愛，我只有下面的選擇：一、我乾脆就放棄性生活……但對我來說感覺不太好；二、跟老婆離婚，找一個在這方面更合得來的伴侶，就跟我們新婚的時候一樣……但是我不想離開我老婆；三、不離婚，但去找一個性伴侶……可是我不想背叛或欺騙老婆，我確定她絕對不會原諒這種行爲；四、我可以想辦法說服她或給她壓力，讓她來配合我的願望……但我會因此覺得不自在，也很掃興。」

上面提到的這些選擇，都不是可行的解決之道，因爲這些選擇都沒有對準眞正的問題。當兩人相愛（正如許多人描述一開始戀愛的情形），他們以正向的注意力關注彼此，對關係有正面的期待，這就是個催化劑，讓兩人跟各自內在的自己達成一致的振動頻率。所以你可以說，他們各自因爲對方而達成了和本來的面目一致的振動頻率。這樣的一致轉化成和諧。兩人產生性互動，肉體合而爲一，就是共同創造的和諧最偉大的展現。

當然，其中一人或兩人脫離了本源的振動頻率後，還是可能有身體的互動，但當身體與本源的振動頻率達成一致時，那樣的身體結合近乎神聖。

當然，你希望你的伴侶能符合其本源的振動頻率，不僅是因爲如此一來他可能更願意與你有性互動；還有原因很多，但跟本源的連結是我們最重視的。

你無力讓其他人跟他們內在的自己達成一致的振動頻率。你只能夠讓自己符合本源的振動頻率。把注意力放在不協調的性生活上，就無法跟內在的自己保持一致的振動頻率。注意伴侶的振動頻率是否符合其內在的自己，就無法同時跟你內在的自己保持一樣的振動頻率。注意著你缺少什麼東西，你就不可能跟你內在的自己擁有一致的振動頻率。你的解決方法取決於你對床第之事的想法是否能和本源保持一致的振動頻率。

簡言之，想到跟伴侶的性互動常會讓你有好的感覺，那麼你的振動頻率就能跟內在的本源和你的願望保持一致。想到跟伴侶的性互動會讓你產生罪惡感、譴責或失望，你就脫離了你的本源或願望。想到跟伴侶的性互動會讓你滿心渴望、非常快樂且享受，你的振動頻率就能符合本源及願望。隨著時間經過，當你在想到這件事時能持續跟本源保持一致的振動頻率，強大的吸引力法則就會找到愈來愈多符合你心願的匯集點，你也會重拾原初的熱情。

很有可能你的伴侶會抗拒達成一致的振動頻率，萬一情況眞是如此，吸引力法則就會帶給你另一個符合你新發出的振動頻率的伴侶。然而，一旦你持續把正面的注意力放在伴侶身上，同時和內在的自己保持一致的振動頻率，很有可能你的伴侶也會回到符合原本頻率的狀態。

與內在的自己保持連結，由此激發而出的性絕對是美妙的體驗，但因爲承諾或責任感而發的性互動，就感覺不到甜美。

總之，如果你不讓自己因爲別人而陷入匱乏的感覺，你就能夠保持跟內在本源一致的振動頻率，你想要的東西就會來到眼前。在這樣的情況下，這位在乎伴侶感覺的男士，他的振動頻率也會激起伴侶的振動。

這段對話並非教你如何從別人身上得到你想要的東西。而是要告訴你，不論別人做什麼，你都應該讓自己的振動頻率符合本源。靠著與本源隨時保持一致的振動頻率，你也能吸引伴侶達成一致。一致的振動頻率會讓伴侶想要成爲你關注的正面對象，正如關係剛開始時一樣的甜蜜。

性、宗教、精神病院？

傑瑞：幾年前我去拜訪一群朋友，他們都是在華盛頓州的斯波坎工作的精神科醫師和心理學家，他們告訴我，大多數被監禁在他們精神病院裡的人，都是因爲宗教或性的原因造成他們精神錯亂。我相信他們之所以會入院，除了心神混淆，行爲也有關係。

亞伯拉罕：這不令人意外，因爲宗教和性這兩個主題都指向人類存在的起源。很多人想透過宗教了解自己爲什麼會在這裡。他們想了解自己來到地球的目的，也想加以實踐。而性就是他們來到這個有形身體的途徑。

大多數的宗教採取極度「壓迫」的模式，他們探究人類的行爲，找出做錯事和犯罪的證據。通常這些錯誤行爲就指向性行爲。每個貶低自我價值的想法，即使是在宗教的場合中說出來的，都導致人類有形的自我跟內在的自己漸行漸遠。這正是實際上令人心神混淆的地方。只有跟本源完全脫離關係的人，才會表現出敵意、暴力或性侵的行爲。這裡有個重大的連結：由於他們只看得到匱乏，所以他們看著對自己來說很重要的東西，卻只專注於不好的那一面。

爲什麼人類要褻瀆地把神和性掛在嘴邊？

傑瑞：我還注意到另外一件事，不知道爲什麼，在我們的社會裡，當有人很憤怒、暴力或不滿，甚至眞的想要傷害別人的感覺時，他們會用跟性或宗教有關的字眼來咒罵別人。似乎他們心情愈差，愈喜歡用貶低的方法來使用跟性或宗教有關的詞，以抒發怒氣。

亞伯拉罕：那是因爲他們只在意匱乏，因此脫離了跟本源的連結，他們選擇最有意義或最重要的主題，然後找到它們匱乏的部分。

爲什麼媒體喜歡散播痛苦、貶抑歡愉？

傑瑞：我發現到在我們的文化裡，電視和電影可以描繪殘害人類的情節，傷人流血、乃至於殺人等可怕的畫面都可以出現，完全沒有問題，但呈現人類的性慾和歡愉似乎就不妥了。我實在不懂我們的文化爲何會這樣，可以忍受憤恨、怒氣和痛苦，卻不想看到歡愉享受。

亞伯拉罕：問題不在於他們想看到憤恨、怒氣和痛苦，而不想看到歡愉享受。事實上完全相反：大家的確都想要有美好的感受，想看到成功、美麗、愉悅的情節。

很多人因爲把注意力放在不想要的東西上，就吸引來不想要的東西。這句話的重點，是人們對吸引力法則的扭曲。社會上很多人對不想要的東西宣戰：對恐怖宣戰、對愛滋宣戰、對青少年懷孕宣戰、對暴力宣戰、對癌症宣戰，可是宣戰的對象卻變得愈來愈壯大，因爲太關注不想要的東西，只會創造出更多不想要的東西。

不管是否了解吸引力法則，電影製作人明白人類的確會被吸向不想要的東西，而不是想要的。這麼說並沒有錯，因爲大多數人最強烈的振動頻率都跟他們不想要的東西有關。如果你讓一個平凡的人敘說他生活中發生的事，你會發現說到不太順利的事情（不公平的、需要改變的事）時，他的表達會比說到美好的事情時來得清楚流暢。

此外，一旦你認定世界上多是憤怒和恨意，你的振動頻率就偏離了世界的美好，在你發出吸引力時，眼前的世界也會跟著你的信念走。找出四周正面的事物，就能夠訓練你的振動頻率和吸引力朝著積極正面的方向前進。於此同時，電影製作人會繼續拍攝其他人從他們身上吸引出來的事物。

我們想要幫助你記住，如果你等待社會導正問題，好享受快樂的生活，那麼你要等很久。如果你等待其他干涉你的體驗的人改正一切，好享受快樂的生活，你也要等非常久。

你來到這裡，是爲了發掘美好的事物。你來到地球上是爲了創造或吸引美好的事物。生活中的對比，甚至你認爲很難看的電影中的對比，都會幫你明白你不想要什麼，也會讓你更清楚你想要什麼。把注意力放在你想要的東西上，調整你的振動頻率去符合想要的東西，把吸引力導向你想要的東西，你就會看到，你的世界完全符合你的願望。

一夫一妻制是否合乎自然？

提問者：一夫一妻制讓我感到很困惑。我在這樣的環境下長大，我也假設那是我的價値觀，但我發現一夫一妻制帶來很多痛苦和恐懼。首先，你必須找到一個和你目標相同的人，然後你要控制那個人的欲求，那可不是件好玩的事，還有……

亞伯拉罕：控制別人一點樂趣也沒有，而且你根本做不到。很多人相信他們想要的，是對一夫一妻制的好壞做出最終的裁判，以便遵守規則或破壞規則，但至少他們知道規則是什麼。在你們的社會中，那條規則也來來回回改了很多次。今日，這個規則視你住在什麼地方而有所不同。但我們要你明白，你從無形進入有形，絕對不是爲了找到一種生活方式，並說服或強迫其他人也要遵守這樣的方式。你明白世界夠大，可以容納形形色色的願望、信念和生活方式的創造。

我們再回到這個問題的第一個要點：我需要找到一個人，那個人想要的東西跟我一樣。跟一個與你願望相符的人在一起，的確能創造出美好的關係。當然，顯而易見的，跟你共享地球的人夠多，要找到一個處處相配的人應該不難。但大多數人在尋找符合自身願望的伴侶時，常常面臨阻礙，因爲除非他們讓自己的振動頻率符合自己的願望，否則無法如願。

有人亟欲找到一個忠誠的伴侶，卻怎麼也找不到，因爲他們滿心擔憂會被背叛。要找到夢想中的伴侶很難，原因並不是這個人不存在，而是因爲你們每天的想法都牴觸自己的願望。

如果你一想到未來的關係，就有很美好的感覺，這表示你的振動頻率能持續符合自己在生命中發掘出來的願望。在這樣的情況下，唯有符合願望的人才會來到你面前。在這樣的情況下，你根本不需要控制別人。

提問者：所以，一生只有一段關係，符合我們自然的本性嗎？或者，那也是文化或宗教施加的限制？

亞伯拉罕：你想要跟很多人在各方面產生互動。不論你選擇只跟一個人體驗性愛，還是選擇跟更多人體驗性愛，都是你個人的選擇。你對性的看法也會一直改變。

不過，値得注意的是，用來限制行爲的規則和法律一定源自和本源失去連結的狀態。也就是說，當長官、領袖或統治者制定法律或規則，想要消滅社會上某種行爲時，他們通常會把注意力放在他們不想要的社會層面上。因此，就算他們制定法律，並且努力施行，但控制的效果不彰，因爲他們抵抗的對象是自然的法則。對人類而言，最強大的固有力量就是確保個人的自由。

如果你不曾面對過不美好的事物，你就無法形成美好關係的想法。在地球上，最美好的關係就是從一連串不怎麼美好的關係中爆發出來的。透過和其他人的互動，你持續發出願望，表達你的喜好。唯有當你和這些願望振動相符時，你才能碰到一個完全符合你生命目的的人。

性、藝術、宗教和一夫一妻制

提問者：我想延續傑瑞剛才說過的事情，他提到因爲宗教或性的因素造成精神錯亂而住進精神病院的人。我是個藝術家，我也聽別人說過，所有偉大的藝術都來自性愛和宗教的啓發；在剛才對於性的討論過程中，就我看來，終極的關係完美地融合了創意和性的能量。因此，談到和性有關的選擇，不論社會大眾的觀點如何，我都覺得這股融合的能量在單一伴侶時更加強烈且愉快。

亞伯拉罕：凡事皆然。當你充滿了正面的能量、關注正面的對象時，就和內在的本源達成一致的振動頻率，你的能量頻率也相符，你一定會有非常美好的體驗。但這段對話的重點，是要靠著正面的注意力，跟本源達成一致的振動頻率，而非一個愛人和多個愛人的優劣比較。

想要擁有豐富性愛體驗的人，大多還沒完全了解他們想要什麼。他們還在收集資料，這也沒什麼不好。

提問者：在我心目中，我會用生命的伴侶來取代夫妻這個說法，以表達我所追求的目標。

亞伯拉罕：生命的伴侶，就在此時此刻，這個想法很不錯。但是，由於生活中大大小小的事情一定會讓你更清楚你想要什麼，你一定會發射出新的願望。你所能做出最有成效、持續最久的承諾，就是讓你的振動頻率永遠符合生活引導你發現的擴展。

也就是說，在生活中經歷了一切的體驗，包括那個讓你陷入愛情、和你住在一起或跟你結婚的人，你仍會不斷發射出想要改進的願望，你那無形的本源能量會接收到每一個願望，將其融入成爲你本來的面目的振動實相。想要跟上擴展的意念，就是通往快樂的途徑。

當然，能一直跟內在本源保持一致振動頻率的人，就能不斷從伴侶身上引發出和諧與愛。所以我們並不是說你不應該或不能和另一個人終生維持美好的關係。而是說有形的你和無形的你之間的關係必須擺在第一位，然後其他的關係才能令你覺得滿足。

很多擔心失去愛的人步入婚姻，誓言「至死不渝」，想要保護自己不要碰到不想要的東西。那跟我們這裡說的恰好相反。

最終極的感官和性愛體驗爲何？

提問者：什麼是性愛的力量？我覺得最終極的性愛體驗就是和另一個人完美融合，感官、精神和情緒的所有層次都能彼此溝通。在其中我能感覺到自我擴展，彷彿消除了自我的界線。

亞伯拉罕：不論你是因爲性愛體驗而投注正向的注意力，並因此和本源達成一致的振動頻率，抑或在進入性愛體驗時已經和本源擁有一致的頻率，總而言之，振動頻率符合本源才是重點。

你是否曾注意到，當你正在跟伴侶爭吵時，就無法達成一致的頻率？注意到伴侶的缺點，或覺得沒有安全感，感到自己不完整，就無法和本源合一。

有形的存在是本源能量的延伸，這股能量創造出世界；當你費力調整振動頻率，以符合那純粹正向的能量，然後把注意力放在你的藝術或你的性愛上，就能體驗到創造世界的能量流遍全身。那就是你想要說的性愛的力量……美好的性愛體驗應該要把重點放在眞實的創造能量流動上，實際的身體互動並不是重點。

提問者：我目前的伴侶很在意生命中無形的層面。他常做冥想練習，希望能集中心神，但他說性愛會讓他變成一個微不足道的凡人，害他失去自我；他覺得有了性愛，他就再也不能感受到更高層次的心靈體驗。

亞伯拉罕：如果出現這種情況，表示他所有有形的層面都出現了問題，不光是性這方面而已。因此，我們要再解釋一個錯誤的前提：

錯誤前提20：把注意力放在有形的事物上，會削弱心靈的能量。

既然你們是來自本源的創造者，也就是本源的延伸。把注意力放在這個有形的世界上，就等於關注本源的創造，探索對比和要求持續改善的意願，也讓你有能力擴充本源的創造。進入有形並不表示你會離開本源，性愛並不會減弱心靈的連結。抗拒不想要的東西，讓振動頻率跟本源的振動頻率不一致，才會讓你脫離本源。

讓你原本的樣子，也就是眞實的心靈，透過你自己流入有形的生活，就是精神上的最高境界。缺乏靈性不是誰的問題，也不是行動造成的，而是跟你選擇的振動頻率有關。

本源愛你，當你不愛自己，你就失去了靈性。本源愛其他跟你同在地球上的人，當你不愛這些人，你就失去了靈性。本源明白你和一切萬有不斷擴展的本質，當你認爲自己應該把每件事都做得盡善盡美，你就失去了靈性。當你覺得自己沒有價值，你的振動頻率就不符合本源。

但是，如同我們在此討論的，你和本源的連結不該依賴伴侶跟本源的連結。你必須用自己的專注力量，和本來的面目保持一致的振動頻率。光是跟伴侶討論他感到自己不再擴展的情況，也會使你內在的擴展暫停下來。

你無法靠著決定行爲的對錯，從外而內解決這些問題。下定決心修補自己跟靈性的連結，你將站在最佳方位去激發伴侶的靈性。如果他還是相信性愛會減弱他努力培養的靈性，吸引力法則就會讓他離開你的體驗。如果你繼續把注意力放在讓你的振動頻率符合本源的事物上，吸引力法則就會帶給你另一個跟本源保持一致振動頻率的人，對於性愛，他跟你有一樣的價值觀和願望。

每段婚姻都不一樣，沒有誰比較好

提問者：我跟兩個人結了四次婚。跟同一個人再結第二次婚時，我們兩人都以爲情況會變得比較好。雖然兩次婚姻的感覺不一樣，卻都同樣糟糕。你們剛才提到的自由，在每一段婚姻中都是我碰到的問題。結愈多次婚，我愈想要自由。

我丈夫曾說過：「你就只想要戀愛的感覺。」從某個角度來說，沒錯。我想，或許我寧可當情婦，也不要當他的老婆，因爲在婚姻裡，有兩件不一樣的事：一是性，二是婚姻。而在婚姻中，有小孩、公婆、財產、責任、義務……

亞伯拉罕：這些事情息息相關，因爲說到底，你跟你的感受是所有事情的核心。把注意力放在生活上不愉快或不想要的地方，它就會蔓延到其他所有地方。

提問者：沒錯。結果到了最後，在每一段婚姻中，對自由的渴望勝過一切，我只好離婚。我喜歡你們所定義的生活前提，包含了自由、成長和喜悅，但我在婚姻中感受不到絲毫的喜悅。

亞伯拉罕：回首從前，你應該有機會可以去尋找積極正向的事物，但因爲你執著在負面的地方，所以生活中也只有負面的事物，對不對？

提問者：沒錯，但是我眞的很不喜歡被包圍、被束縛的感覺，還得一直完成應盡的義務，就算把事情都做完了，而且做得很好，我仍只想要自由，做我自己……

亞伯拉罕：你眞正想追尋的「自由」，是免於負面情緒的自由，再也不會感覺很糟糕，再也不擔心感受不到美好，或無法恢復本來的面目。

我們要你明白，不論什麼時候，就算你覺得你什麼都沒辦法掌控，你還是能改變你的想法，讓自己覺得更好，你也可以選擇讓自己覺得更糟糕。你能透過本源的眼睛，把注意力放在感覺更好的事物上，你也可以把注意力放在讓你脫離本源的事物上。受到約束、不自由的感覺，其實跟你不協調的振動頻率有關，但你所關切的東西並不會造成不協調的振動頻率，其中的分別你一定要弄明白。

你並不是從那些讓你想要擴展的體驗中尋找自由，但你希望能從妨礙你擴展的思緒中尋得自由。你口中受到約束或不自由的感受，其實是因爲你跟不上自己的擴展；事實上，你跟伴侶的關係能讓你的擴展成眞。

講到實質的活動，你是否注意到，你比以前更忙碌了？（**提問者：**我現在確實比較忙。）但你卻覺得更自由，因爲你眼中不再只有匱乏。

我們並不建議你去做一些不同的事情。我們也不是說留下來才對，離開就錯了；反之亦然。但我們眞心希望你能明白，不論什麼時候，你的感受都只來自一件事，這是唯一的因素：你心中的思緒，也就是你和自身想法的振動關係，還有你跟內在本源的振動關係。不論再怎麼努力，你的伴侶也無法完全了解你的想法。

有些人似乎比其他人更好相處，即便如此，我們也不鼓勵任何人透過討好他人來引導自己的行爲。充滿善意的人會盡全力讓你有更好的感受，但你因此更難以把你的思緒導向更大的視野。既然你對自由、喜悅和成長的感受要依賴無形的連結，會讓你分心的事物對你沒有幫助。

亞伯拉罕給大家的「婚姻」誓詞

提問者：亞伯拉罕，我信奉某個宗教已經三年了，教義說屬靈的人沒有身體接觸，不做愛。他們把身體比喻成電池，如果跟其他人發生性行爲，就會卸除和浪費電力。

亞伯拉罕：唯一會「浪費電力」的做法，就是把注意力放在自己缺少什麼上面。既然內在的本源在意的是你本來的面目、你現在的樣子，跟所有你想要的東西；如果關注其他的東西，就會失去和本源的連結。你之所以會有不協調的感受，原因在於你認爲自己行爲不適當的信念，跟你實際做了什麼沒有關係。

如果你有了性體驗，但不知道爲了什麼原因，卻感覺到強烈的罪惡感，這種體驗對你就沒有價值。那麼你才是在流失能量。但是，如果你有了性體驗，並因此得到美好的感受，宇宙的力量就在你背後支持著你。

提問者：要是我二十五年前就知道今天學到的這些事情就好了……我生活在一個滿是「禁忌」的環境裡，生命中唯一的責任就是結婚生小孩，還有聽老公的話。我的結婚誓詞差不多也是這個意思：你會一生一世深愛、尊重和服從這位男士。唉！要是我早知道的話，一定拔腿就跑。

亞伯拉罕：我們有一段完美的誓詞，不論是結婚還是其他目的都適用：

嗨，朋友，我們兩人是共同創造者。我期待，在這段婚姻（或這段關係）中，我們兩人都能盡可能地在各方面感到滿意。我希望能發現我是誰，還有你是誰。但我覺得最重要的，是我很快樂，快樂到能夠引發出你內心的快樂。

我不會把你的生命當成我的責任。我的生命也是我自己的責任。我期待能在這裡享受非常快樂的時光。我期許在攜手同行的路程上，我們能享有一切正向的體驗，因爲那就是我的願望。只要我們覺得很快樂，就一直在一起吧。如果快樂時光離我們遠去，不論是想法還是身體上出現分歧，當負面的感受出現時，就讓我們分開吧。

我們並非鼓勵你結束婚姻或目前的關係。但我們要鼓勵大家關照最重要的關係，也就是有形的你和無形的你之間的關係。當你對萬事萬物的思緒能夠和內在本源的觀點保持和諧，你就能感受到眞正的振動相契，接下來你就能夠給予。你必須夠自私，和眞實的自己享有一致的振動頻率，然後才能對別人付出。

Parenting, and the Law of Attraction

第四部

為人父母與吸引力法則

在對比的世界中創造正向的親子關係

大人的管教對孩子的行爲有什麼影響？

倘若振動頻率失調的成人不去干預孩子之間的互動，不去干擾孩子的振動頻率，孩子就能自然地讓自己與更大的視野頻率相契，他們也會正向互動。他們會觀察到彼此之間的差異，但不會因爲這些差異而出現對立，正向、有效、令人愉悅的共同創造會跟著出現。但是，當振動頻率與更大視野不一致的成人加入互動，正面的動力就消失了。

很多大人相信，如果放著小孩不管，他們就會偏離正軌。因此，大人進入孩子的均衡狀態中，尋找他們認爲是錯誤行爲的證據，他們試著引導小孩不去做他們不想要的事；但鼓勵孩子注意「錯誤」的行爲，或讓孩子看到大人不贊同的眼神，孩子的內心就會感受到強烈的不和諧，也會離愛他們且充滿讚賞的內在的自己愈來愈遠。

當別人期待或要求你調整你的行爲以迎合他們時，他們就是企圖要誘導你放棄個人的情緒引導系統所帶來的好處。每段關係的破裂、每個不滿的理由、每次生病或失敗的原因，都是誤解了下面這個道理：你從來不想以別人的贊同來引導自己，只有你和本源之間能量的和諧才能引導你。

如果有個和自己的本源達成一致振動頻率的成人加入這群孩子之間的互動，這個大人不需要靠孩子們的行爲來得到好的感覺，那麼他的出現就不會給孩子們帶來負面的影響，因爲透過他作爲模範的力量，會鼓勵所有孩子也和本源享有一致的頻率……當振動頻率符合更大視野的人彼此互動時，有形的接觸會讓人覺得非常愉快，帶來效益和活力。

突然把大人的角色從小孩的體驗中移除，並不會讓他們立刻恢復自然的幸福狀態，因爲小孩已經學會了大人的振動模式，現在他們在這樣的架構下互動往來。但不論老少，每個人都想要有美好的感受，因爲無形的你、你內在的自己，的確感覺良好。因此，當你覺得不怎麼好的時候，一定有什麼偏離了振動頻率……由於小孩不像周遭的大人長期習於抗拒的想法，所以小孩比較容易回到頻率一致的狀態，也比較容易維持這樣的頻率。

少了大人的干預，孩子之間的關係會如何？

大人會把擔憂、防衛、控制、抗拒加諸在孩子身上，如果把這些影響全部從孩子身上去掉，看看孩子彼此的互動會是什麼樣子：

利用感官，他們會仔細觀察，彼此打量。他們會看到每個人不同的個性、信念和想法，就好比你在自助餐看到有各式各樣的食物可以選擇。有些東西你不想吃，不想嘗試，但你不會因此覺得受到威脅，你會選擇你眞的喜歡的食物，放到自己的盤子裡。同樣的，沒有學到要把不想要的東西推開的孩子，只會受到想要的東西吸引。有同樣興趣或願望的小孩，在任何時候都可能聚在一塊兒，進行有意義且讓人覺得滿足的互動。個性不一樣的孩子就不會聚在一起，最後就創造出一個和諧的環境。

很多人會說他們從沒看過這樣的環境，他們說得沒錯。也有人會說，這種環境絕對不可能出現，他們說得也沒錯。因爲在大人的管教下，能有充分自由去選擇、不受成人意見左右的孩子少之又少。一旦你明白了自己的引導系統，知道它如何運作（你事實上是無形意識的有形延伸；無形的觀點跟有形的同時存在；你追尋的終極目的就是跟自己的引導系統享有一致的振動頻率），在所有的物質環境、教室、情況或你目前的關係中，都有可能找到和諧。

調整好自己的頻率，你也可以變得像我們剛才形容的孩子那樣。你可以跟他們互動，而不覺得需要移除他們身上你不想要的部分。你會傾向於只看到別人身上最好的一面（如同你內在的自己一般），也只看得到自己的優點，強大的吸引力法則會把你和你想要的東西匯聚在一起。

父母天生的職責爲何？

傑瑞：從你們的觀點來看，在孩子的成長過程中，父親這個角色最主要或與生俱來的職責是什麼？

亞伯拉罕：父母親的主要職責，是爲孩子開闢道路，讓無形的本源能量進入有形的身體。

傑瑞：你們認爲父親和母親有不同的職責嗎？

亞伯拉罕：基本上大同小異。所造成的影響才是明顯的差異所在，但父母親對孩子的影響並不如你們社會以爲的那麼重要。最好的情況是，父母提供孩子早期成長穩定的環境，讓孩子習慣新環境中的新生活，以及這個新的身體。最糟糕的情況是，父母的教養妨礙孩子做出選擇和體會自由的能力。其實，在很多情況下，父母的影響對孩子而言並無好處。爲人父母者常會對生活抱持負面的期望，所以他們帶給孩子的影響也是負面的。

完美的父母

傑瑞：你們對完美的父母有什麼看法？

亞伯拉罕：父母能為孩子做的最好的事情，就是了解孩子是個充滿力量的創造者，帶著熱忱、決心和能力來到這個有形的環境中，儘管他們現在年紀還小，感覺還要依賴別人。父母能為孩子做的最好的事情，就是等待能證明他們具有才智的證據出現，並且注意孩子正面的特質。父母能給孩子最重要的福分，就是影響孩子去跟隨內在的引導系統。

我們知道你提出這些問題，是為了引導父母親和孩子建立令人滿意的關係，我們也很希望就這個主題進行討論。但我們也希望你明白，孩子來到這個時空實相的目的，並非為了出生在完美父母打造出來的安樂窩。你們來到這個世界上，與他人展開互動，體驗人際關係中經常出現的不和諧，接著你們常會把自己的感覺或生活的困境，怪罪到別人頭上。但從無形的觀點來看，你們完全明白，他人的影響不一定會為你帶來負面的體驗，事實上，在出生之前，你們的目標不是生在完美的環境中。

大多數為人父母者都希望給小孩子最好的，你們對於什麼才是對小孩子最好的有各種看法。從我們的觀點來看，也從小孩誕生進入有形身體之前的觀點來看，你們能給孩子最好的東西，就是明確的典範：如何盡力和內在的本源享有一致的振動頻率，並透過你們自己，證明如何有效運用情緒引導系統。

對親子雙方來說，最令人感到不自在的地方，是父母不了解孩子內心的智慧和目的。爲什麼父母親無法了解呢？因爲他們也不明白自己蘊含的智慧和目的。換句話說，如果父母親看到這個世界充滿了險惡、危險、不愉快的事，他們覺得要保護和預防孩子碰到這些事，那麼眞正的領悟和力量就會離他們遠去。在這樣的情況下，他們也會引導孩子產生同樣的防衛心理。

但如果父母能發現自身情緒引導系統的價值，先和更大的視野享有一致的振動頻率，了解那創造力十足的能量渦本質爲何，以自己爲關注的重心，並把和本來的面目達成振動一致列爲第一優先，這樣的父母才能影響孩子去尋找自己的引導。

有很多人把自己的失敗或不快樂怪罪到父母頭上，爲什麼呢？因爲父母親訓練他們，要以父母爲引導和支持來源。即便是最好心的父母，也無法取代來自孩子內心的引導和支持。不只如此。就在每個人體驗周圍大大小小的對比，持續發出想要擴展的振動願望時，你必須隨順自己的願望，讓自己享受擴展的完整演化，不然你就會覺得不快樂。當父母親說服你相信，你的感覺並不重要，你應該忽略情緒告訴你的事情，你一定要遵守父母的意見和信念，以及他們訂下的規則，這麼做就是在干擾自然的過程，難怪你內在會產生反抗的感覺。那股來自內心的反抗會一直持續下去，直到你努力和本來的面目達成一致的振動頻率。

因此，父母能為小孩做的最好的事情，就是放棄控制他們的行為和想法，鼓勵孩子察覺到自己的振動暫存區、創造的能量渦，以及個人的情緒引導系統。唯有當父母完全理解這些事情以後，才能影響孩子對這些事情的理解。

當孩子或雙親感受到恐懼、怒氣、失望或憤恨的空虛感，那只是因為他的振動頻率不允許他連結到他已經擴展後的自我。那些負面的情緒就是他察覺到失去自由的症狀，你現在的面目非常完滿，但你卻加以抗拒，就會產生不自由的感覺。

大多數父母採取的教養方式，是先從觀察世界開始，接下來評估構成世界的要素，解讀對錯並加以分類，最後努力引導孩子遠離不想要的東西，但有趣的是，這種方式正好跟每個人來到這物質世界的目的相反。

因此，我們認為最令人愉悅、最有價值的教養方式是：

我明白我的孩子是充滿力量的創造者，他跟我一樣來到這有形的世界上，要開拓美好的體驗。我的孩子懂得選擇生命中的對比，並享受這麼做的益處，以便決定他想要什麼。每當孩子因為碰到某件事情而讓他更明白自己不想要什麼，他就會發出振動頻率，希望情況能夠改善，在振動實相中，這個願望也會留在他的創造能量渦中。當他注意到內在的情緒引導系統，尋求能給他最好感受的思緒，他就會慢慢偏向他現在的面目，也知道他本來的面目有多麼完滿。在這些過程中，他就能感覺到負責創造自己的實相能帶給他怎樣的滿足感。此外，身爲他的父母親，我也完全接納他現在的樣子。

父母和小孩在家庭中的內在的自己

傑瑞：我想往前一點，回到尚未誕生到這個有形世界的時刻。父母親內在的自己和小孩內在的自己之間有什麼關係？

亞伯拉罕：來到這個有形世界的每個人，都是本源能量的延伸，就這個意義而言，每個人都是相互連結的。所有的關係都是永恆不滅的。一旦建立了關係，它就永遠存在。你從無形的世界出發，原本的環境或許可以稱爲「能量群」或「意識的家庭」，毫無例外的，有形世界的家庭成員，彼此之間都有源遠流長的無形振動頻率根源。

和其他人共同創造時，你主要的目的絕對不是依賴。你知道透過形形色色的關係，會萌發出更多美好的創意，你樂於期待從這些關係中產生出來的新想法。在孩子出生前，甚至在父母親出生前，你們都期待未來的互動，也知道從中產生的價值。雖然你們明白無形的連結，但注意力卻都放在擴展上，所以你們不會回頭尋根，不需要追求穩定和安全感。你們已經很穩定了，也很安全了。

傑瑞：思索出生前和父母親已經建立的連結有什麼價值呢？

亞伯拉罕：探尋無形的根源沒有什麼價值，因爲它不夠明確，你從有形的角度無法眞的了解，而既然無法明白，就會分散你的注意力，讓你忘了在有形世界的目的。但更重要的是，透過你們在這個時空實相體驗到的互動行爲，你們就發出了強大的願望，成爲彼此擴展最有力的催化劑。努力讓振動頻率和擴展後的自己達成一致，你的振動頻率也會契合父母擴展後的樣子，一致的振動頻率會帶來無法言喻的滿足感。要達到這個目標很簡單，只要在彼此身上尋求正面的特質，努力找出值得讚賞的地方。

在出生前，家人是否已經有共同的目的？

傑瑞：既然我們的關係是永恆的，那麼對於和父母或小孩的互動，我們是否有特定的目的？或者大家都差不多呢？

亞伯拉罕：在大多數的情況下，你們沒有什麼特別的目的，因為你們了解自己的創造力和宇宙法則；你們很想跳進去，激起一些什麼，體驗對比和從事創造。在你們眼中，父母提供了通往有形體驗的順遂路徑，也在你們年幼時提供穩定的生活，而你們則要奠定創造的基礎，習慣有形的世界。你們心中最強的意念，就是要進入有形的身體，沉浸在對比中，因為你們知道對比才會讓你盡力思索和享受生命。你們在出生前就期望自己和父母以及和其他人的關係，能提供你們穩固的基礎，讓你們體驗對比，也能靠著這個基礎發射出願望，體驗擴展。你們也知道在體驗生活的過程中，大大小小的細節都會浮現出來，所以你們不會事先就去揣測。

我們對誰要負最多的責任？

傑瑞：你們的意思是，父母對小孩的責任，或孩子對父母的責任，和我們對世界上其他人的責任沒兩樣？

亞伯拉罕：沒錯，我們就是這個意思。你來到世上進行體驗，就是要和地球上所有人共同創造。

父母可以從孩子身上學到什麼？

傑瑞：教學相長，學生透過老師學習到新的東西，老師也可以從學生身上學習。親子關係也是如此嗎？父母是否能向小孩學習？

亞伯拉罕：當你內心浮現一個問題時，對等的答案就立刻在你的振動實相中形成。在疑難中載浮載沉時，相對的解決方法就在你的振動實相中形成。和別人互動時，不論是父母小孩、老師學生或任何人，你一定會發現能創造出答案與解決方法的問題。因此，學習（我們比較喜歡用擴展這個說法）就是所有共同創造體驗累積而成的結果。

傑瑞：所以我們都在學習，即使我們沒有發現？

亞伯拉罕：除非你的振動頻率符合本來的面目，除非振動頻率符合在振動能量渦中擴展過的你，不然你察覺不到自己的擴展。你會一直擴展。要不要追上擴展，是你自己的選擇。你的感覺愈好，就愈能追上擴展，也更能看出自己的擴展。也就是說，本來的面目學到更多的東西。但除非你在能量渦中，否則你無法發現自己在學習。不論有沒有感覺，每一次體驗都會讓你的知識成長。

兄弟姊妹對相似的影響爲何會有不同的反應？

傑瑞：我發現，就算同父同母的兄弟姊妹，成長的過程也不盡相同。我的意思是，一個小孩可以長成健康快樂的成人，也就是我所謂成功的存在，但與他來自同樣家庭的兄弟姊妹，卻可能在生活上吃盡苦頭。這是否意味著父母給每個小孩的影響雖然很相近，對他們的未來卻不是最重要的因素？

亞伯拉罕：如果不努力和更廣的無形存在達成一致的振動頻率，就不可能長久保持你所謂的快樂。有時候父母或老師可能是催化劑，引導你往某個方向前進。每個人生來都希望能有美好的感覺，也自然靠著本能去追求一致的振動頻率。由於小孩會自然傾向美好的感受，和本源保持一致的頻率，所以我們這裡討論的重點，是會妨礙他們追求一致頻率的那些外在影響。換句話說，如果讓他們跟隨天生的本能，他們可以更快達成一致的振動頻率。但用意良好、保護心強的父母，通常會擔心可能發生的事，影響孩子脫離自己的引導系統，因而抑制了這些與生俱來的動力。

不同於大多數父母親以爲的，他們愈不擔憂孩子的幸福，孩子反而過得愈好，因爲去掉了負面的想法和憂慮，孩子更有可能朝向一致的頻率。

再回到你剛才這個問題的……通常第一個孩子出生後，父母用意雖好，但常會過度保護，讓這個孩子比弟弟妹妹承受更多的緊張、擔憂和負面的影響。

有很多因素會影響小孩的感受，對一般人來說也是如此，但只有一個很重要的因素需要考量：這個人在這個時刻產生的思緒，是否和內在本源的想法保持和諧？如果是的話，你要調整自己去接受這樣的影響。所有其他的影響皆屬次要。跟本源牴觸的想法會引發你的反抗，釋放反抗的力道後，你就會立刻看得很清楚、感到很快樂，就跟軟木塞一樣，被壓到水底以後，一旦壓力解除，就會以最快的速度浮上水面。當你和內在本源和諧一致，就能享受幸福成功的生活。

孩子一定要「像」父母嗎？

傑瑞：我母親以前常說：「傑瑞，你眞像你爸。」或者：「你很像我爸。」或「你像你叔叔。」我記得我聽到這些話時非常反感。

亞伯拉罕：你覺得自己爲什麼會反感呢？

傑瑞：我不覺得我像誰，而且，通常她對我說這種話時，感覺就像瞧不起我。

亞伯拉罕：那正是我們希望你能了解的。你之所以反感，是因爲母親指責你，而這個想法在你內心激發的思緒，跟你內在的自己完全不一致。也就是說，你母親指出你身上的缺點，並比喻到其他人身上的缺點，她這麼做或多或少是想要用一個不好的結果來威脅你，但你內在的自己對你的看法卻完全不同。負面的情緒表示你感受到這種不一致。這就是情緒引導系統的效用。每當你感受到負面的情緒，就表示你當下的想法（不論是怎麼來的）跟你內在的自己對這個東西的想法差距甚遠。

傑瑞：直到現在，仍然不時會有某件事發生，讓我想起我母親指出的這些缺點。

亞伯拉罕：出現這種情況時，你仍會有負面的情緒，這表示你內在的自己依然不同意母親所說的話。

遺傳特質會決定我的未來嗎？

傑瑞：但我們不是會把某些特質遺傳給孩子嗎？就跟生理上的特質會遺傳下去一樣，我們是否也會遺傳其他特質？

亞伯拉罕：你可否指出明確的例子？

傑瑞：好比說心智能力、體能、做事的能力、健康……這些現在對我還能產生多少影響呢？

亞伯拉罕：任何事物都不應該對你造成負面的影響，當你眞的遭遇負面的影響時，那是因爲你心中最活躍的想法，阻礙自己得到眞正想要的東西。

把負面的期待從一代傳到一代，這種情況還滿常見的，但不論什麼時候，如果能看到負面想法造成的不和諧，了解負面情緒所代表的內在的自己的不同意，就能逐漸忽略這些抗拒的想法，因爲這些抗拒的想法就是所有病症、疾病和負面體驗的問題所在。

該不該讓小孩離開施虐的父母？

傑瑞：如果在我小時候就有現在這些法律規定，那麼像我當時那樣的生活，肯定會被帶離父母身邊，送到寄養家庭。但在那時候，我猜那種生活方式還在大家能夠接受的範圍內。因此，等我長大離家後，回想起小時候的事，我也不會把那段時間的遭遇當成負面的體驗。我想，那時候我說不定還覺得自己是在冒險，生活刺激多變。所以我再也不回頭看，也不責備我的父母給我那麼可怕的對待。那只是一種我們共同創造的方式。換句話說，我知道我自己的職責，我假設父母也知道他們的職責。但現在，時代不同了，虐待小孩的人會遭到嚴重的處罰。

我覺得有很多人故意把自己暴露在我所認爲是虐待的情境下，例如打曲棍球或踢足球，或在拳擊場上廝殺……是否所有人都在選擇，就某方面來看，我則選擇了父母的虐待？

亞伯拉罕：我們非常感激你提出這個問題，有些人選擇做某些運動，讓自己傷痕累累，不過很多人覺得拿這點來跟父母虐待小孩相比，並不恰當，但你的比喻並沒有錯。所謂選擇，並非看著某件事物，然後大喊：「好！我也來一點！」很多人都不明白這一點。你把注意力放在某件事物上，你就做出了選擇。在這個以吸引力爲基礎的宇宙中，當你看著不想要的東西，你的專注會激發內在的振動頻率，然後吸引力法則就會把更多類似的事物帶到你的體驗中。

當然，兒童受虐是很可怕的事，但當小孩無法恢復本來的面目時，也是很可怕的事。我們希望你能了解，在所有的情況下，施虐（不論它是你多不想要的事）的人在虐待別人時，會因爲自己脫離本源而受苦。也就是說，不只是被父母虐待的孩子要受苦，失去連結的父母也不好受。

讓孩子遠離身體虐待，在那樣的情況下應該是最好的方法，但是這種方法並沒有眞的解決問題。事實上，隔離孩子和施虐的父母，只會讓造成虐待的不和諧狀況更加惡化。覺得自己沒有價值的父母，會因此感到自己更沒有價值，爲了改善自己的感受，他們通常會尋找更多施虐的機會。身心俱疲的孩子通常也會更沒有安全感，因爲他無法跟自己眞正愛的人互動。唯有當大家了解自己感覺到的情緒，也能控制思緒的方向時，才能終止兒童受虐的問題。有人否定自己現在的面目，不肯連結到內在的自己，但唯有當這種自己加諸自己身上的虐待平息，不然各種形式的暴力仍會不斷出現。

小孩子的恢復力很強，比成人更容易回復跟本源的連結。如果沒有社工告訴你你受到多麼可怕的對待，你並不會被虐待打倒，你會把願望發射到振動實相中，透過受虐的體驗獲益。那是最難讓大家了解的事情。「小孩爲何會寧可進入一個虐待他的家庭？爲什麼慈愛的神會允許這種事發生？」

我們要提醒你，你的目的不是找到安樂窩，你在那裡只能看到完美的事物。你想要差異性和多樣化，甚至想要不和諧。你想要有機會明白更好的體驗。你知道你是創造者，你也要透過體驗來幫助自己選擇。日復一日，你在生活中學習和擴展。從小到大都是如此。

少了懲罰，小孩會幫忙做家事嗎？

傑瑞：亞伯拉罕，在父母和孩子的關係中，懲罰扮演什麼角色？爲了讓有形生活的大小細節順暢地運轉，比方說清理房子、丟垃圾等等家務，你們對懲罰有什麼看法？

亞伯拉罕：我們並不贊成懲罰，因爲這是一種刺激別人採取行動的方法，我們從來不覺得它的效果有多好。我們的意思是，如果父母希望家庭環境井然有序，也希望孩子住在家裡會主動幫忙，那麼父母的振動頻率就不會不一致，因爲他們的願望和期待的振動頻率互相符合。在這樣的情況下，他會激發孩子內心想要合作的心理。我們覺得激發比刺激更好。

刺激是這麼運作的：父母發現還有很多事情要做，把注意力放在不幫忙的孩子身上，他看到的跟他想要的不一樣，便體驗到失調的振動頻率，感覺就像負面的情緒。因著挫折或憤怒，他下了最後通牒，如果孩子不合作，他就要祭出處罰。孩子受到刺激採取行動，因爲他不希望他的怠惰帶來負面的結果。但是，由於他失去了和本源的連結，他做起事來無精打采、無法集中精神、做得很不好、怨恨自己要做家事……這又是一個原地踏步的典型例子。

爲人父母者，或任何人，若想從別人身上激發出正面的行爲，必須先調整自己的振動頻率。我們要想像自己想要的結果，也把正面的注意力投注在相關的人身上，才能和本源能量享有一致的振動頻率。我們不會讓眼前不想要的行爲，成爲我們關注這些人的原因。

換另一個說法：不要被不合作的孩子分散了注意力，阻礙你看見在振動暫存區裡快樂、善體人意的孩子影像。如果你能堅持自己的想像，不去注意他們的怠惰，就不會失去力量，他們最終也能感受到你的連結所帶來的強大影響。你的孩子會變得充滿創造力，確實去尋找對自己有益的方法，而不是因爲你告訴他們，如果不做家事，就會帶來負面的後果，於是他們才心不甘情不願地去做。

「家庭的和諧」會壓抑個人的自由嗎？

傑瑞：當一家人住在一起，不論是單親帶著小孩，還是一家三代十幾口同住在一個屋簷下，你們有什麼建議，可以讓大家彼此尊重，而不會失去個人的自由？一定要有人負責管理，還是每個人都可以自己做決定，一家人仍保持和樂融融？

亞伯拉罕：不管多少人一起生活、玩樂或工作，只要參與其中的人都能先跟自己本來的面目保持一致的振動頻率，這群人就可能享有和諧的關係。但並不需要群體中的每個人都先跟內在的自己達成一致的振動頻率，你才能在群體中體驗到和諧。在群體動力關係中，每個人都在追尋的和諧就是和內在的自己擁有相同的振動頻率，達到這個目標後，你才能跟別人保持和諧的狀態。能一直留在自己的能量渦中的人，才能和別人保持和諧，即使別人並未如此覺得。

不論是有形的物品、身體狀況、財務條件，還是和諧的關係，每個人想要某樣東西都只爲了一個理由：他們相信得到了那個東西，就會讓自己感覺更好。增加讓自己感覺更好的想法、找出積極正面的地方、放縱自己盡情感謝，一旦你向自己證明你能保持振動頻率符合內在的自己，並盡全力留在你的創造能量渦中，你會發現周遭的世界一片和諧。

誰最大？或許更好的說法是：誰來領導這群共同生活的人？這個問題的答案是：和本源振動頻率一致的人，比數百萬頻率不一致的人更有力量。因此，振動頻率和內在的自己、創造的能量渦，以及建立世界的力量最爲契合的人，就會變成眾人的領導。大家都會自然地被頭腦清晰、情緒穩定且快樂的人影響。

如果家庭中沒有人能達到那樣一致的狀態，領導地位通常會落到最年長、最強壯或講話最大聲的人身上，但如果在群體中沒有人的振動頻率能符合本源，就看不到眞正的領導能力。

很多人用消極的態度面對生命和領導地位。他們希望別人來討好他們，因此只要看到討好的行爲，他們就覺得很高興。我們鼓勵你把注意力放在讓自己覺得開心的想法上，即使你看不到讓自己開心的證據，但由於你一貫不去抗拒，沒有負面的情緒，你就可以和能量渦中的一切達成一致的振動頻率。一個快樂和諧的家庭就在你的能量渦中。

誰是一家之主？

傑瑞：所以，在我們討論的這個家庭中，誰才是一家之主？

亞伯拉罕：這就好像在問：「誰能控制別人？」而你唯一能控制的，就是你的思緒。大多數人會這麼回答：「最強大或最有力量的人，就是一家之主，他可以控制其他人。」但情況並非如此，因爲這違反了吸引力法則。能夠和本來的面目連結的人，也就是能夠進入自己振動頻率能量渦的人，比其他數百萬做不到的人更有力量。

你並不想要控制家人的行爲或信念，你想要控制的是自己的思緒。你可以想像他們快樂成功的樣子，若你能控制自己的想法，讓振動頻率持續符合你心目中他們的演化和擴展，你的影響力就非常大，看到你的人都會感受得到。

我們鼓勵你，不要再擔心別人正在做什麼，你要去追尋讓你感覺美好的思緒、言語和行爲。訓練你自己，讓振動頻率符合所有你投射到創造能量渦中的美好體驗和關係，振動頻率就會把和諧帶到你身邊。

父母和小孩，和諧和傷害

傑瑞：現在家庭的關係，跟我那個年代差別很大。我父母相信他們的責任就是管教我。我想我媽大部分的行爲都出自一個信念，就是她這麼做都是爲了我好，但根據我從你們這裡學到的東西，以及她對我的責打，我現在明白了，她基本上跟內在的自己無法保持一致的振動頻率。

不久以前，我在走廊上看到一對母女。小女孩往後退了一步，大喊：「不要！」

她的母親說：「怎麼了？」

小女孩說：「不要！」

母親說：「哦，你想走在前面嗎？」

小女孩說：「對。」然後她嘟著嘴先走下樓梯，母親則站在原地等候，然後由小女孩領著母親走到她想去的地方。

我心想，我小時候可完全不是這麼一回事。現在還滿常看到小孩對父母發號施令，而通常父母也會遵從。可以請你們談談這件事嗎？

亞伯拉罕：如果共同創造的雙方都不願意花時間跟自己的能量渦達成一致的振動頻率，那麼雙方都無法留在能量渦裡，而通常失去連結最久的人（感覺最糟糕的人），是負責掌控情勢的人。但是，衡量沒有力量的人有什麼力量，就等於問道於盲。那不可能產生任何成效，而且大家都不會快樂。

從我們的觀點來看，只有長久留在創造能量渦裡的人，才能有效地領導或教養子女。如果你不花時間讓自己的振動頻率符合本源的力量、清澈的觀點和知識，你就無法領導別人。

和本源失去連結、振動頻率失調的大人，會讓孩子跟著學會發脾氣。

和本源保持一致振動頻率的大人，會讓孩子學到沉穩的態度和清晰的頭腦。

孩子必須跟隨父母的信念嗎？

提問者：有些人年紀輕輕就當了父母，他們還沒學會生命後來階段才會碰到的事情。如果還沒學會，怎麼去教導子女呢？

亞伯拉罕：孩子通常會記得你們已經忘記的事情。他們還記得美好的感受。他們仍期待一切都有美好的結果。他們仍跟內在的自己保持一致的振動頻率。也就是說，你們的孩子仍留在他們的能量渦裡。這就是爲什麼他們常常不想聽你們說教，或不同意你們的話，因爲你們的說法並不完全恰當。這裡又出現了另一個重要的錯誤前提：

錯誤前提21：為人父母，我必須知道所有的解答，才能把這些答案教給我的小孩。

你永遠沒辦法知道所有的答案，因爲你永遠問不完所有的問題。你會一直發現新的對比，產生更多的問題。事實上，那才是永恆生命的喜悦……體驗永恆的進化、擴展和發現的喜悦。話語無法爲師。生活體驗才是最好的學習來源。你的孩子來到世上並非爲

了從你的話語中學習，而是爲了從他們自己的生活體驗中得到更多的知識。

你能給孩子最有價值的東西，就是了解有形的你和無形的你之間的關係，以便有效地運用自己的情緒引導系統，以及日復一日的努力，盡可能貼近你自己的能量渦。

如果你不在自己的能量渦裡，並且因此感覺不怎麼好，千萬不要假裝你眞的有好的感覺。面對現實吧！孩子知道你已經察覺到自己跟本來的面目無法保持一致的振動頻率，讓他們看到你想要恢復一致的願望。讓他們看見你學到哪些讓自己感覺更好的過程，並自在地展現給他們看，直到你能夠熟練地在能量渦中按著心意自由移動。

如果覺得不快樂，還要假裝快樂，或在滿心恐懼時假裝很有自信，只會讓孩子更加困惑。透過你的用心清楚展現，讓他們看到當你努力消除有形與無形的你之間振動頻率的差異時，你的生活有多麼快樂。讓他們知道你想要良好的感覺，也向他們展現只要你想要，不論周遭發生什麼事情，都能夠有美好的感受。

最重要的是，讓孩子明白你不認爲他們需要爲你的感受負責。把他們從需要討好你的束縛中釋放出來，在這麼做的時候，也釋放他們去跟隨自己美好的引導系統。

家庭功能不彰是誰的錯？

提問者：我小的時候，父母常會彼此吼叫吵架，然後孩子就跟著遭殃。在成長過程中，我內心有個根深柢固的想法，就是這個世界很不安全，會發生很可怕的事情。後來我接受了五年的心理治療，那時我才開始相信，發生在我身上的事情不該由我來負責，但我仍是深受失控父母所影響的受害者。

亞伯拉罕：心理治療師或許不希望你把這些經驗都怪罪在自己身上，但歸咎父母其實更沒有用，因爲不論你覺得是自己的錯或別人的錯，你都脫離了自己的能量渦；你仍無法跟本來的面目享有一致的振動頻率。認爲自己是受害者，其他人有能力讓你受傷受苦，再沒有比這更具破壞性的想法了。

當你正因爲別人的行爲而承受苦痛時，要讓你了解我們的意思並不容易。我們要先解釋一些重要的因素，才能讓你明白：父母打你並非你不好。父母打你也不是因爲他們是壞人。他們打你，是因爲他們的振動頻率失調，他們覺得很無助。覺得無助的人出現想要報復或憤怒的感覺是很合理的現象，而這就表示他們已經朝著一致的振動頻率前進。

意思是說，無助的情緒其實是你跟本來的面目的能量渦相隔最遠的距離，想要報復就把距離拉近了一點，憤怒又讓你更近一點，承受不了表示你更靠近本來的面目，挫折則又更靠近一些。希望表示你離本來的面目更近了，你就快到了，你快要進入能量渦了。相信幸福，認識幸福，表示你就在能量渦裡，心中充滿了感激、愛、熱情、熱切，以及所有讓人感覺良好的情緒。

當你發現自己陷入嚴重、無法控制的局勢時，你的反應是害怕。於是你退縮了，你哭了（我們絕對可以了解這樣的反應），你從父母身上引發出更多你不想要的東西。或許很難了解，但如果你能在心中把自己從一場又一場的戰爭中移開，把注意力放在玩具上、留在自己的房間裡、不要去蹚那個振動頻率的渾水，父母就不會把你牽扯在內。然而，要不去注意身旁發生的事，或壓抑自己的情緒反應，其實並不容易。

對你的父母來說，也是一樣的道理。他們的生活中一定發生了很多他們不想要的事，他們沒辦法忽略這些事，結果就吸引了愈來愈多不想要的情況。當某個人不快樂（通常也有正當的理由）時，痛苦接踵而來，於是他遷怒到別人身上，別人又去遷怒另一個人，一環扣一環……

落入痛苦循環的人，不論小孩還是大人，都會從自己不快樂的生活中得出一個結論：他們沒有價值，好事不會發生在他們身上。而因爲他們有這樣的感覺，所以壞事就眞的發生了。

接下來，就算接受心理治療，大多數的人仍會花很多時間去想別人的行爲到底是對還錯。小孩責怪自己、責怪父母，父母責怪自己、責怪小孩，痛苦不斷循環。

唯有當你願意去找到能讓你感到釋放的思緒時，不論是什麼樣的想法，你才能在情緒刻度上朝著愛和讚賞的方向前進，因爲這兩項美好的事物就代表你本來的面目。只有在能量渦中，你才能完全讚賞它帶給你的體驗、擴展和領悟。

大多數人相信，他們在尋找的是一個愛自己的人，他們也相信父母有責任要愛他們。但處於絕望中的父母已經遠離了幸福的能量渦，無法去愛別人。因此，小孩假設父母不愛自己，是因爲自己做錯了事，他們不明白父母不愛他們，其實是因爲父母的振動頻率離愛很遠。

我們必須再說一次，人人想要愛，卻都找錯了地方。看看你的能量渦、看看擴展後的你、看看你的本源、看看豐沛的愛。它們一直都在那裡等你，但你必須先在內心找到符合的振動頻率。你必須把振動頻率調整成愛的頻率，你的能量渦就會包圍你，你就能感受到滿滿的愛。

嬰兒怎麼可能「吸引」不想要的體驗呢？

提問者：如果你只有九個月大，怎麼會引來可怕的體驗呢？

亞伯拉罕：即使你的身體只有九個月大，但你是灌注於這嬰兒身體裡的一股意識，你是有經驗且有智慧的創造者。你來到這個世界上，懷抱著強烈的意念，要體驗對比，把清楚的願望發射到振動實相中，而目的是爲了擴展。

很多人認爲嬰兒不會說話，也不能創造自己的體驗，但我們向你保證，別人無法替你創造體驗。小孩會發散出振動頻率，從一出生就開始發揮吸引力。

小孩天生就容易跟自己的能量渦保持一致的振動頻率，而他們出生後所面臨的環境不大會影響他們的這個傾向。大多數的小孩誕生進入有形的身體後，不太容易被周圍的人影響而離開能量渦。但有時候，當你開始了有形的體驗，你一心想要傳達幸福之道，即使在出生前，你就想早早進入對比中，讓對比在你一生下來就激發你的願望，因爲你明白願望的力量會從對比的體驗中浮現出來。你眞知道自己不想要什麼的時候，你就更能明白地要求自己想要什麼，然後能量渦也跟著迅速擴展。

從出生前無形的觀點來看，你明白不自在、負面的情緒、病症或所有不想要的事情，其實是因爲你的振動頻率不符合能量渦，不符合你本來的面目。因此，所有進入有形身體的人，其實都很想早點體驗對比的體驗，才能把願望發射到創造的能量渦中，因爲能量渦旋轉的力量愈大，本源的呼喚就愈強。所有無形的存在都明白，想要的心愈強，就愈能察覺到抗拒；既然抗拒會阻礙喜悅的創造，那麼察覺得愈清楚愈好。

我們明白，如果你仍站在能量渦之外，脫離了從你體驗過的對比中浮現出來的強大存在，那麼聽過我們的解釋後你仍然不覺得滿足。但我們向你保證，在你尋找愈來愈多理由好讓自己有好的感覺、在你想要爲父母或其他曾經傷害過你的人找藉口、在你進入能量渦時，你就明白了。因爲當你和進化與擴展後的自己合而爲一時，周圍都是你想要的事物所發出的振動頻率，對那些帶你走到這一步的人，你再也不會心懷惡意。事實上，你會欣賞他們在你愉快的擴展中所扮演的角色。

爲什麼有些小孩生來就有自閉症？

傑瑞：爲什麼有的小孩天生會有一些不盡完美的生理狀況？舉例來說，生來就患有自閉症的孩子，近年來人數有愈來愈多的趨勢。在出生之前，嬰兒是否就會出現匱乏的想法？

亞伯拉罕：從你有形的角度來看，你通常不記得對比和差異多麼有價值，而從你出生前的無形角度來看，這兩者的價值對你的選擇來說，通常是很重要的因素。很多家長老師忘了對比和差異的價值，只強烈希望小孩能「適應」，結果造成了一股相似性的風潮，令人很困擾。因此，很多人誕生來到世界上，都明確希望能與眾不同，才不會被納入相似的群體。所有無形的存在誕生進入有形的身體後，都很清楚自己的目的，也充滿熱切和信心，絕對不是出自匱乏。沒有例外。

Self-Appreciation, and the Law of Attraction

第五部

自重自愛與吸引力法則

讚賞是進入能量渦的「神奇」之鑰

讚賞是你進入能量渦的方法

我們非常享受與你們的互動，分享關於宇宙和吸引力法則的知識，以及你們所扮演的重要角色。一如既往，和人類朋友互動時，我們主要的目的，是想幫助你們記得自己本來的面目，如此在這喜悅、永恆、宇宙的創造中，你們才能體驗到自尊自愛會讓人覺得多麼充實。

在反覆討論有形的觀點和無形的觀點時，我們一定得齊頭並進，因爲這兩種觀點都是不可或缺的。有形的觀點和無形的觀點都是永恆擴展的要素，而在本書中，我們所提出最重要的看法，以及你們所能學會最重要的知識，就是這兩個振動頻率的整合。

當你探索有形的觀點，透過身體的感受來觀察，你會覺得自己根本抗拒不了它。充滿色身香味觸法各種對比的地球環境，所有細節栩栩如生，讓你把自己的世界稱爲「實相」。的確，你對物質世界的關注能爲你和一切萬有的擴展效力，但是你透過有形的感官在這令人驚訝的地球、銀河和時空實相中所發現的，不只於此。你眼前的一切，是即將來臨之象的預兆：一個充滿更多喜悅的實相和新面目的地方。

看到銀河和星球中的奇觀，觀察那美好的事物如何靠著無形的力量出現，儘管人類對此的領悟和解釋仍算貧乏，基本上卻相當正確：有形的世界是無形能量和創造的延伸。你現在看到的事物，都是從本源能量自覺的關注中創造出來的。

人類和世界的創造故事，並非關於過去發生的事情，而是正在我們眼前發生的事。創造這個世界的本源能量會繼續向前流向你們，然後流過你們，繼續去創造，繼續擴展宇宙。

人類常因謙卑之故，拒絕接受自己在一切萬有的持續擴展中占有重要的地位，這就是為什麼我們會寫這本書。我們希望能喚醒你們，讓你們想起自己本來的面目，以及你為什麼在這裡。我們要你們再次明白自己的創造能力；你們進入有形的身體從事很重要的任務，我們要你們享受成果；我們要你回到能量渦裡面。

你們的有形體驗在這個有形的世界裡提供了必要的對比，關於世界該如何改善的意見和願望因此得以成形。就算你們看不見，通常也感覺不到，但你們想要變好的願望，彷彿振動頻率的火箭般向外發射，有如傳送訊息的使者。你們的願望射入振動的氣場中，就像你們在地球上發明的火箭射入大氣層一樣；創造世界的本源能量，也是一切萬有的來源，會接收到這些願望。所有的想法、要求和願望都清清楚楚，只要一發射出去，就會得到解答。

大多數人可能察覺不到發射出去的願望，或沒收到本源的回答，儘管如此，充滿力量的新創造已經開始了。有些人在思忖這些話的時候，可以了解創造的永恆特質的邏輯。很多人承認創造的力量依然存在，擴展也會繼續。但我們的人類朋友常常誤解或忽略了一件事，那就是在經歷有形的生活和發出想要擴展的願望時，除了會創造出擴展的世界，你們也會跟著擴展。

看到自己或別人生病時，你會發出新的振動願望，希望病痛能痊癒，本源收到這個願望後，就會提供解決方法。有形世界中的對比向你揭露腐敗和不公平，而你發出的振動願望卻是渴求公平和正義。有人對你們粗魯無禮，你發射出願望，希望能有更好的體驗。財務狀況不佳時，你希望能有更多的錢。不論何時，每個人都會發射出願望，振動暫存區（或說振動實相）於是形成。更廣的、無形的你，在你出生前就已經存在，當你還沒注意到有形的世界時，無形的你就已經存在，那就是你內在的本源（內在的自己），除了會回應你要變好的願望，也會變成那個更好的狀態。

人類通常很難了解創造者或力量的概念，也不了解像地球這麼奇妙的星球，如何在自己的軌道上旋轉，且與其他行星保持完美的距離。然而，就算你們不明白，也無法找到解釋，你們每個人都能透過體驗生活，把願望發射到振動實相中，地球上的人總有一天會實現這些願望，這就是你們對擴展的貢獻。

我們寫這本書，是因爲我們要你們注意到自己正在創造的振動實相。我們要你們發現創造的能量渦，最重要的是，我們要你們找到方法，引導內心的思維，讓你們的振動頻率符合不斷旋轉和創造的能量渦，因爲你們心中生出的每一個願望都在能量渦裡，就跟你們的夢想一樣，等待你們調整好振動頻率。

你們看到的萬事萬物都屬於觸碰得到、看得到也聽得到的有形實相，這個實相之前在不斷發出振動頻率的創造能量渦中旋轉；首先有了思維，再來是思維的形式，最後才是你們在物質世界中看到的實相。想要變好的夢想、願望和想法都已經被視野更廣的你接收到了，那更年長、更廣大、更睿智的你把注意力傾注於你的渴求上，一點也不抗拒，強大的吸引力法則就會加以回應。然後，所有互相效力的元素（振動頻率相同的元素）就會被吸入這不斷旋轉的振動實相中，你們現在就看得到這個有形實相的預兆。要讓振動實相變成有形的實相，並彰顯在所有你們能看到、聽到、聞到、嚐到、碰到的事物和體驗中，你們只需要做一件事：你們必須進入能量渦！

當你丈夫因爲挫折失意而對你大吼，他毫無愛意的表現讓你無所適從，這時你就會發出想要被尊重和被愛的願望，想要有一個感覺更好、眞正愛你的伴侶。喀嚓、喀嚓、喀嚓、喀嚓，接收願望，融入創造的振動能量渦。現在，吸引力法則會回應不斷旋轉的創造，把所有互相效力的元素吸過來，修補過的創造能量渦就擴展了。但你可能要思考一個很重要的問題：你現在是效力的一份子嗎？你是否在能量渦裡？

- 如果伴侶的言詞羞辱仍讓你覺得不舒服，你就不在能量渦裡。
- 如果你告訴朋友發生了什麼事，並爲自己的無辜辯白，你就不在能量渦裡。
- 如果你渴望能重回他溫柔對待的時光，你就不在能量渦裡。
- 如果你不去在意這件事，並想起當初決定結婚時的感覺，你就在能量渦裡。
- 如果你不認爲他發脾氣是針對你，並把注意力放在正面的體驗上，你就在能量渦裡。
- 如果你覺得很不快樂，你就不在能量渦裡。
- 如果你覺得比較開心了，你就在能量渦裡。

要了解能量渦很簡單：

- 在你誕生進入有形的身體以前，你就在能量渦裡（那裡沒有任何抗拒的想法）。
- 曾屬於你的意識，現在有一部分灌注於有形的你身上。
- 生活中的對比讓你把渴望擴展的願望傳送到能量渦裡，而無形的你有很大一部分就留在那裡面。
- 能量渦中只有你想要改善和擴展的正面願望，沒有與改善和擴展牴觸的想法。
- 能量渦發出純粹、毫不抗拒的振動頻率，吸引力法則加以回應，所有相互效力、振動一致的元素都匯聚在一起，這正是完成創造所需的要件。

- 你是你的創造的必要元素。
- 事實上，你就是創造的成果。
- 所以，只剩下一個問題：現在，在這個身體中的你，振動頻率符合你的創造嗎？
- 把注意力放在創造上，你現在的感覺就是你要的答案。
- 如果你覺得憤怒，你的振動頻率就偏離了，你不在能量渦裡。
- 如果你滿懷感激，你的振動頻率就符合創造，你就在能量渦裡。

進入創造的振動能量渦，去體驗完全沒有抗拒的狀態，和你現在的面目以及所有你想要的東西達成一致的振動頻率，並且把所有你想要的東西都帶到有形的體驗中，這就是讚賞的狀態。沒有什麼比把你的讚賞傾注在自己身上更重要的事。思考的習慣，或說信念，會讓大多數人脫離創造的能量渦，缺乏對自我的讚賞，想再多也沒有用。

爲什麼有些人會失去自信？

傑瑞：我常談到我自己的體驗，因爲這些體驗是我最了解也最熟悉的。我記得我小的時候很有自信。我不認識其他人。我覺得我什麼都做得到。但隨著時間一年一年過去，我開始接受到其他人的批評，我開始批評自己，於是自信心就消失了。我變得很內向。

現在，每當我看到孩子們志得意滿、趾高氣揚地走過來，我還記得那種感覺。但之後，我看到他們一點一點「退縮」，自信心也慢慢消失了。為什麼我們的自信會受到這樣的破壞呢？要如何預防？怎樣才能提高自重自愛呢？

亞伯拉罕：你說得對，唯有透過自己的體驗，你才能領會到每件事情，也因為這個原因：你的生命要你擴展，把願望發射到創造的振動能量渦中；但唯有當你允許自己跟上願望的腳步，與它們融合時，才能得到眞正的知識和領悟。其他人發射出願望時，你再怎麼想辦法跟上，也體驗不到領悟的感受。這就是為什麼言語無法教導，只有生活體驗才能讓你學到東西。

那也是為什麼在一開始的時候你會如此獨立：你不想要聽別人的話行事、想要自己的體驗、想要自己做決定、想要有選擇的自由。那種渴望永遠不會消散，也不會減弱。事實上，還愈來愈強！與生俱來的冒險勇氣通常會逐漸消失，因為你允許自己脫離了能量渦。也就是說，你讓其他人說服你相信，他們的感覺比你自己的感覺更重要。

你體驗到的所有情緒，都指出你跟能量渦的關係。覺得有自信，表示你當下的想法完全符合內在來自創造能量渦的本源對你的看法。覺得不安，表示你目前的想法不符合內在本源對你的感覺。因此，當父母、老師或朋友對你表現出不贊同的態度（想要從你身上引發出讓他們覺得更好的行爲），如果你的回應方式是調整自己的想法、言詞或行爲來討好他們，你就脫離了自己眞正的引導，離開眞正充滿自信的本源。

所以，你的自信並非遭到破壞，而是你阻擋了它的持續補給。希望得到別人的贊同時，你就無法從本源能量接收源源不絕的補給。也就是我們說過的，「在錯誤的地方尋找愛」。

想要鼓舞別人，你必須引導他們回到自己補充能量的泉源。要他們回應你的贊同或不贊同，對他們並沒有幫助。很多人以爲要提升他人的自信，就要給他們無數的讚美。但如果他們要靠你來證明自己的存在，而你卻想把注意力放在其他的事物上，那麼他們就糟糕了。或者，他們依賴你，但你卻和自己補充能量的泉源失去了連結，你沒有什麼可以給他們，他們也會陷入麻煩。但如果你幫他們了解每個人都有能夠提供補給的本源，不需要依賴其他人，他們就只要了解創造能量渦的本質，調整自己的振動頻率，如此你才能眞正讓他們感受到信心的提升，不需要借助別人的力量就能自信滿滿。

邁向自重自愛的第一步怎麼做？

傑瑞：每當我想到那些針對我的負面批評，我就覺得自己很糟糕，但這時候我常會想起我的祖父，他總是鼓勵我。有些老師讓我很洩氣，讓我覺得自己卑微渺小，但這時候我會記起演講課的老師漢利先生，他鼓勵我，讓我覺得自己很不錯。我也記得上體育課時有同學會嘲笑我，但體育老師皮爾斯先生給我很大的鼓勵。我記得我很喜歡參加教會和童軍團的活動，但教會裡總有很多人喜歡批評其他的教會和別人，我只想逃離那個環境。我想要離開。

現在，聽你們說行動並不重要，我們要做的不是遠離不想要的東西。我們不需要靠著老師或其他家庭成員來鼓勵我們或給我們自信，儘管他們的幫助確實有效。不論周遭發生什麼事，我們都能在自己身上找到信心，對嗎？

亞伯拉罕：透過你的生活體驗，你指出了依靠別人得到鼓勵的問題。已經感受到讚賞的人，也就是那些和能量渦、和創造世界的純粹且正面的能量保有一致的振動頻率的人，當他們關注著你，你感覺到他們的關注帶給你的好處。但不在能量渦裡、振動頻率不符合本源的人，當他們以出自匱乏的觀點關注著你，你會感受到他們的關注帶來的壞處。由於無法從別人身上得到一致的回應，最後導致你的自信遭到破壞。

你的創造能量渦、內在的本源（內在的自己）值得信賴，不會脫離正道。當你透過你所選擇的思緒，朝著創造的能量渦前進，一定就會覺得自己被塡滿了。常回歸本源汲取泉源，就能享受感覺美好的均衡生活。

吸引力法則如何影響競爭？

傑瑞：你們覺得競爭有益嗎？當我還是個青少年時，每當我看到別人從游泳池的跳板一躍而下，跳水動作令人目眩神迷，我就覺得我一定要表現得比他更好。或者，每當我看到馬戲團裡有人戲法耍得比我好，我就會想辦法發明其他人沒想到的技巧。我一直拿自己跟別人比較，不論是才智或能力。但長大之後，我反而想遠離一切給人競爭感覺的東西，因爲如果某個人贏了，就表示另外一個人輸，我不喜歡這種感覺。我喜歡贏，不喜歡輸，但即使贏的人是我，我也不喜歡看到別人輸。

亞伯拉罕：你讓自己進入這個充滿多樣性和對比的時空實相中，因爲你享受從這裡得到的思緒刺激。如何有效地運用周圍形形色色的想法和體驗，關鍵在於以這些東西來激發你的願望，一旦你的願望形成，發射到能量渦裡面，你就要把全副注意力放在自己身上，還有每一個思緒跟能量渦的關係。等到願望發射出去，身體的競爭就達到目的了。換句話說，在創造過程的第一步，競爭提供了強大的推動力，但對創造過程的第三步，競爭卻是強大的阻礙。

傑瑞：你們是在說比較，而不是競爭吧？

亞伯拉罕：競爭只是比較的進階版。切記，遊戲沒有結束的時候，因爲一定會有其他的對比讓你發射出新的願望。因此，調整振動頻率，朝著能量渦前進時，你一定會享受到無窮的樂趣，也會體驗到最新的擴展成果中的所有一切。

不要拿自己和別人比較

傑瑞：在我買得起比較貴的車子後，有很長一段時間，我還是繼續開著一般轎車，因爲我記得自己以前會批評開好車的人。等我再也不批評那些豪華汽車的車主後，我買了當時最貴的車子。不過，在上述兩種情況下，我從別人身上吸引到的回應都會影響我。你們是否覺得這種行爲很不健康？

亞伯拉罕：一旦別人對你的想法變得比你跟自我的平衡更加重要時，就是不健康的。只要你想採取行爲去操控或影響別人對你的意見或態度，就是不健康，因爲你用他們的意見取代了你自己的引導系統。

擔心受到金融危機的衝擊？

大多數人會因別人的行事想法而受到影響，忘了調整自己去符合擴展。結果感到空虛時，他們誤以爲那都是別人的行爲或意見所造成的。但事實上根本不是這樣。你感覺到的情緒，不論是好是壞，都是你目前的想法跟內在的本源對同一件事的領悟之間的關係。

有些人感受到強烈的恐懼或焦慮，因爲他們目前沒有工作或收入。但大多數人今日感受到的恐懼，是來自他們的負面想法，他們想像情況可能有多糟糕，未來如果出現了不好的情況，可能會對他們的生活造成多麼可怕的衝擊。

他們把注意力放在他人經驗到的金融衝擊，然後去想說情況可能有多糟糕，雖然他們不是故意要這麼做的，也絕對不想要這樣，結果卻讓原本就已經惡化的經濟情況變得更糟。憂心忡忡的想法雖然不會摧毀一個企業，或損害就業狀況和資源，但這些想法會讓人們遠離內心憧憬的穩定生活。

看到其他人經歷苦痛，便害怕自己也會有相似的經歷，你的振動頻率因此變得緊張兮兮，自然的幸福便無法流入。有很多人看到別人的困苦後，自己也跟著擔心起來，心中充滿抗拒，無法接受自己的幸福，而其他人也因為這些人而跟著惶恐不安。在很短的時間內，非常負面的抗拒模式就會橫掃整個地球。在這樣的情況下，好消息是，只要大家對經濟情況產生負面的感受，就會發出振動要求，想要變得更富足，這些願望也會被本源清楚接收，並立刻回應。無形的、振動的創造能量渦就會開始旋轉，有力地回應有力的要求，所有符合的元素都被拉入這個能量渦中，隨順自己被拉進去的人就能得到擴展，並感到痛苦解除。

雖然很多人不明白要怎麼處理國內或全世界的經濟問題，但解決方法不在於你採取的行動，而是你所發現到的振動頻率，如此你才能清楚看見該往哪裡尋求解決方法。簡單地說，既然你想要找到的解決方法已經被強大的吸引力法則匯聚在創造的振動能量渦裡，只要停止想要讓你離開能量渦的想法就行了，因為你對一個東西的想法常與自然的振動相反，阻礙你找到你想要的解決方法。

你們對富有和財務圓滿的看法是矛盾的，這個現象在社會和政府中非常普遍，想要解決問題的人和一般大眾都充滿了矛盾。也就是說，你們無法兩者得兼：企業承認他們想要大眾購買產品和服務，花錢刺激經濟；同時他們也認爲，有欣欣向榮的企業，才有欣欣向榮的經濟。但矛盾的主張也因此出現了，有人說花太多錢或過得太好，展現自己的財富，會給人財大氣粗的感覺。

很多人想要更多的財富，卻批評那些已經享有財富的人：

- 「我們需要你們花錢刺激經濟／你們花錢讓我們覺得很不舒服」
- 「我想要變成有錢人／有錢人的行爲都是不道德的」
- 「我想要變成有錢人／有錢人把窮人的資源都搶走了」
- 「花錢可以刺激經濟／花錢就是浪費」
- 「花錢，刺激經濟／省錢和犧牲，拯救經濟」
- 「我想要成功致富／世界資源不夠」

想要成功致富是人的天性，世界上有足夠的資源讓所有人成功致富。一直想著匱乏，或一直想要反抗擁有財富的人，你就和自己的願望有所矛盾，更重要的是，也牴觸你放到創造能量渦裡的願望。

當你認爲別人從你身上奪走什麼，並因此產生負面的情緒時，這樣的負面情緒跟別人擁有什麼沒關係，重點在於你缺乏什麼。在所有情況下，負面的情緒都跟你的本質有關，出現負面情緒時，別人給你什麼你都收不到。更重要的是，如果你靠著目前的體驗，還沒有享受到富足的生活，如果你想要的生活尚未在你的能量渦中盤旋，等待你來接收，那麼當你無法獲得時，你就不會感受到負面的情緒。

如果你希望自己變得富有，看到富有的狀態時你就必須加以肯定。如果你希望自己或其他你關心的人能更富有，你就不應該批評已經享有財富的人。當你批評、譴責或抗拒某件事物時，你所發出的振動頻率就跟你想要的東西相反。每次都一樣。沒有例外。這帶我們看到下一個錯誤前提：

錯誤前提22：就算我批評成功的人，我還是可以達到成功。

每當你批評或抗拒任何事物時，你就脫離了你的能量渦。唯有進入自己的能量渦，才能體驗到成功。錯誤的前提讓大家無法進入富有的能量渦，也無法享受到自己應得的舒適和幸福。你不能「批評自己」成功。你不能「譴責自己」得到幸福。失望、憤怒和譴責他人時，你感受到的負面情緒就表示你內心充滿了反面的想法。你反對自己成功。

你反對自己變得富有。你反對自己的振動頻率跟本源達成一致。你反對能夠滿足你所有願望的能量渦。

自私和吸引力法則

因爲我們太重視個人的感覺是否良好，導致我們受到某些人的批評，說我們教大家自私。我們承認，我們訊息的核心就是眞正的自私，因爲，如果你不夠自私、如果你不在意自己的感覺、如果你不想一直把你的想法導向美好的感受，你就無法跟內在的本源達成一致的振動頻率。除非你的振動頻率符合內在的本質，否則你無法爲他人付出。跟本源享有一致的振動頻率，進入你的創造能量渦，跟擴展後的你合而爲一，就是徹徹底底的自私。

沒錯，振動頻率跟本源一致後，所有美好的事物一定會來到你的眼前。你發射出去的所有願望都會實現。達到目的、做完工作、享有財富，並不是眞正的成功。和無形的自己享有一致的振動頻率，才是眞正的成功。是的，自私地和自己的願望、清晰的頭腦、自信、知識、愛達成一致的振動頻率，最重要的是，跟無形的自己振動相契！

我們一定要受別人的引導嗎？

傑瑞：如果每個人都覺得跟自己融爲一體，如果每個人都能一直留在能量渦裡，還需要領袖或其他人來控制我們，告訴我們該做什麼嗎？

亞伯拉罕：振動頻率和本源達成一致，你所得到的指引會比你在其他地方找到的指引好得多。有時候，或許因爲個人，或許因爲文化，站在能量渦裡面領導眾人的領袖，會帶給你益處。在那樣的情況下，你感覺得到領袖的力量，在聆聽他的話語時，你通常也能明白很多道理。但比較常發生的情況是，當領袖開始領導時，因爲他把注意力放在需要解決的問題上，他就離開了能量渦，然後站在他大幅減弱的地位上來領導大家。如果從你們有形的角度去想，我們不會尋找領袖，要他爲了領導你們而進入能量渦。我們會自己找到路進去能量渦，也會盡自己的努力留在裡面，然後我們會發現創造世界的力量流過自己的指尖。

最常見的情況是，你們覺得力氣薄弱，於是找更多人聚集在一起。你們沒有安全感，卻想改善狀況。但一大群脫離能量渦的人聯合起來，絕對無法看清楚，也缺乏力量和解決方法。一個長期處在能量渦裡的人，比數百萬個脫離能量渦的人聚在一起更有力量。

我要如何才能更欣賞自己？

傑瑞：既然如此，這套哲學很明顯就是關於良好感覺的價值。你們可以引導我們享有更好的感覺嗎？你們能否教導一套過程或技巧，幫助我們改善對自己的感受？換句話說，請告訴我們要怎樣才能靠自己的力量達到自重自愛的境界。

亞伯拉罕：眞正的自重自愛就是讓自己的振動頻率符合本源，符合能量渦內已經擴展的你，你不需要把注意力放在自己身上，就能做到。事實上，對大多數人來說，尤其在一開始的時候，把注意力放在其他事物上，而不是自己身上，會比較容易調整你的振動頻率。

隨著時間經過，你發展出很多意見和態度，還有思考的習慣（或者說是對自己的信念），這些意見、態度和想法變得活躍時，就會讓你離開能量渦。因此，把注意力放在更容易帶給你美好感受的事物上，就更容易進入能量渦。

舉例來說，你可以想想你最愛的寵物，在讚美你的寵物時，你就能進入能量渦，因爲你對寵物沒有任何抗拒的感覺，好比嫉妒、責備或罪惡感。我們眞的很希望你能了解，當你想到自己養的貓，或任何不會抗拒能量渦的事物，你就能輕鬆地進入能量渦，和自我完全融合；或者比較好的說法是，隨順的態度讓你得以融合。即使你心裡並未想著有形的你，也能達成我們所謂的終極的自重自愛。如果我們是你，我們會選擇容易帶給我們良好感受的事物當作注意力的焦點，以進入能量渦。

有形的觀點訓練你保持客觀，衡量每件事物的優劣，但你會發現，當你這麼做時，事物的優點會讓你順利進入能量渦，而當你只注意缺點時，馬上會被能量渦推出來。當你只注意不想要的東西，你就無法留在能量渦裡……常常對自己說：「再沒有什麼比我的美好感受更重要的事了！」如此一來，你就能看到自己愈來愈接近能量渦。

生活的目的是什麼？

當人們被有形生活的對比圍繞，他們常常在想：「生活的目的是什麼？我爲什麼會在這裡？」我們想告訴大家，你來到世上的目的就是要探索這時空實相中的對比，並享受整個過程，因爲你知道從中會激發出新的想法和願望，而那事實上就是擴展的基礎。

我們期待讀了這本書以後，你會更明白有形的你在創造中居於什麼位置，還有你的有形身體在全局中扮演的重要角色。

我們想幫助大家牢牢記住，在此時此刻這個有形的實相裡，即使你把全副心力都放在有形的身體上，你跟我們，都正在創造振動實相，使你的未來能夠實現。只要你能進入你的能量渦，有形的你就會看見並體驗到這些成眞的願望。也就是說，你的心情、態度和情緒都會指出你和能量渦、振動實相、你所有的願望以及你現在的面目的距離。

如果你學習我們的訊息已經有一段時間了，或者看過這本書之前的系列作品，你會發現我們的訊息是源源不絕的過程，我們要你明白，我們提供的過程都是爲了幫助你釋放把你摒除在能量渦之外的抗拒力道。

本書已到了尾聲，我們要告訴大家一些很簡單的過程，如果你能持之以恆地運用，就能幫助你穩定地把振動頻率調整符合你本來面目的能量，也一定能讓你進入能量渦；一旦你能長久留在能量渦裡，有形的生活就會出現轉變。

進入能量渦的過程

不需要刻意運用這些過程去改善你的振動頻率，好進入能量渦。很多人只是因爲喜歡美好的感受，一直去想著讓他們感覺良好的事物，於是輕鬆地進入了能量渦。或許你對本書所提供的內容一無所知；或許你從來沒聽過吸引力法則，不知道什麼叫做三步驟的創造過程，不知道你是本源能量的延伸……你仍然可以長久留在能量渦裡，因為你喜歡良好的感覺，所以你的思緒都往給人美好感受的事物那裡去。你的祖母或許就是一個很好的模範，她滿心欣喜地發掘每個人、每件事最好的地方，既然你感受到她和本源連結所帶來的影響，你當然也可以如法炮製。但如果你觀察周遭世界的方法跟大多數人一樣，或許你發展出來的思考模式就無法滿足你的目的，或許你也沒察覺到，這種思考模式會讓你離開能量渦。

如果你對某件事秉持某種信念（信念只是你一直想的思緒），又常常想到它的話，這個信念在你的振動頻率中就會變得很活躍，吸引力法則就會帶給你支持這個信念的證據；因為你想什麼，就會得到什麼，不管是你想要的還是不想要的。若沒有下定決心去改變包含在這些信念中的振動頻率模式，你就無法小心控制，讓自己更接近能量渦、本來的面目和你想要的東西。

因此，我們提供下面的過程來幫你釋放抗拒，助你邁向一定能通往能量渦的道路：

睡前的想像

今晚躺在床上的時候，把注意力放在能帶給你美好感受的東西上。把思緒拉回內心，不要想白天那些讓你無所適從的事情，專注想著你當下的位置，感受隨之而來的自在。想想你的床鋪：躺著真舒服，以及床單的觸感柔滑。察覺身體躺在床墊上的感受，想像床墊浮起來了，你的身體被吸進去……放鬆、呼吸、享受舒適的床。你可以說：感覺眞不錯。躺在床上很好。我的生活很美好。睡吧。

醒來之後

早上醒來後，繼續閉著眼睛躺在床上五分鐘，思索你能想到最美好的東西，沉浸其中……在這半夢半醒的時刻，釋放所有的抗拒，如果你不去想它，它就不會出現。這五分鐘的時間，是要讓原本就比較強的振動頻率奠定穩固的根基……在思緒中找到愉悅的感覺，儘量把感覺留在這個讓你覺得快樂的地方。只要有一點點不舒服的感覺冒出來，就深呼吸，把注意力放在床鋪給你的舒服感受上，想想值得讚賞的事物，然後起床，展開新的一天。

變速輪法

吃完早餐梳洗過後，找個舒服的地方坐著，練習一兩次「變速輪法」（The Focus-Wheel Process），我們設計這個過程，主要是爲了幫助你釋放抗拒的感覺，把注意力完全放在能量渦上。事實上，這個過程本身就是模擬不斷旋轉並發出吸引力的能量渦，在你旋轉時動力也跟著增加。

你看過學校或公園的遊樂場裡那種用人力推動的轉盤嗎？你應該常看到小孩子成群地攀上去，讓轉盤愈轉愈快。在轉盤停下來或速度比較慢的時候，跳上去當然沒問題，可是當轉盤速度很快時，就很難跳上去，甚至根本跳不上去。如果你硬要試，轉盤的離心力會把你甩到旁邊的樹叢裡。想想你看過的轉盤，你就更容易明白「變速輪法」的內涵。

在日常生活中，你會碰到很多事情，當你看到或想起它們時，心裡就會出現抗拒的感受。那或許是報紙上令人不快的報導，或是別人對你說的話，當抗拒的感覺出現時，你就會覺得負面的情緒給你重重一擊。你通常無法立刻停下手邊正在做的事，去處理剛剛爆發出來的抗拒想法，但我們鼓勵你在心裡好好記住，或乾脆寫下來：老闆對我的態度讓我覺得很不舒服。他不讚賞我在這裡的貢獻。現在你有了對象，明天「變速輪法」就可以派上用場。

睡前躺在床上時，你已經釋放了抗拒的感覺。一夜好眠後，你心中再無抗拒的想法。隔天起床後，你也很用心地沉浸在沒有抗拒的狀態中。吃過早餐梳洗後，你計畫要用十五到二十分鐘的時間，清除掉思緒中徘徊不去的一些抗拒感受。這件事最好在你感覺非常良好時再來進行。

你拿出昨天的紙條，看到上面寫著你感覺到老闆對待你的態度，抗拒的想法油然而生。接下來，拿一張很大的紙，在最上面寫下：老闆對我的態度讓我覺得很不舒服。他不讚賞我對他的公司所做的貢獻。

現在在紙上畫一個大圈圈，愈大愈好。然後在大圈圈中心畫一個小圈圈。接著在大圈圈的圓周畫十二個小圈圈，就像鐘面上的小時刻度。

當你的生命中發生了某件事，讓你清楚知道自己不想要的是什麼，這時你也會清楚地察覺到你想要的是什麼。把注意力放在老闆不感激你所做的貢獻上，就會產生同等的願望：我希望老闆了解我的價值，以及我的貢獻對整個公司而言有多麼重要。把這段話寫在中間的圈圈裡。

現在，就像遊樂場上的轉盤一樣，你必須找到方法跳上去。如果抗拒的感覺轉動速度太快，你就上不去了。轉盤會把你拋到旁邊的樹叢裡。所以你要找到某樣東西，就某種程度而言它要能夠符合你的感受，還有你在中間的圈圈裡寫的文字。

你可以想：

‧老闆其實很感激我（你會被拋到樹叢裡）。因爲你其實不相信這個想法，起碼在當下你內心並不同意。

‧老闆不值得我賣命（現在你根本放棄了）。

繼續把注意力拉回中間圈圈裡的字。這麼做能幫你感覺到符合那種心情的信念又變得活躍起來。

‧老闆希望他的公司能成功（你跳到轉盤上了）。把這一點寫在十二點鐘位置的那個小圓圈。

‧我到公司來的時候，業務已經很穩定了（你還沒解決問題，但你相信這段陳述能讓你的感覺稍微有些改善）。把這點寫在一點鐘位置的圓圈上。

- 工作上有些東西讓我眞的很享受（這也是事實，現在你的動力增加了）。把這點寫在兩點鐘的位置。
- 老闆跟我有共同的感受時，會讓我覺得很不錯（沒錯，感覺很好）。把這點寫在三點鐘的位置。
- 我們兩人都能感受到合作的效力（動力更強了……現在你在轉了）。把這點寫在四點鐘的位置。
- 我覺得老闆激發我想到一個新點子（現在你眞的轉起來了，抗拒完全消失）。寫在五點鐘的位置。
- 我很確定老闆也覺得我激發了他，讓他想到新點子。寫在六點鐘的位置。
- 我想我們都明白大家同在一條船上。寫在七點鐘的位置。
- 我不希望失去這份工作。寫在八點鐘的位置。
- 老闆常叫我領導案子和指導別人。寫在九點鐘的位置。
- 看得出來他很信任我。寫在十點鐘的位置。
- 我很高興能與他共事。寫在十一點鐘的位置。

然後，在輪子的中間，在剛才寫好的字上面，或繞著這些字，或橫跨整頁，用充滿信心的粗體字寫下：**我知道老闆看得見我的價值。**

針對這個對象，你已經把振動頻率轉到新的方向，產生的吸引力也改變了，你和能量渦的關係也跟著改變。這就是最完美的自主創造。在這短短的過程中，你釋放了抗拒、改善跟老闆的關係、調整自己的振動頻率符合你**本來的面目**，你也進入了能量渦。現在你在能量渦裡，透過本源的眼睛看你的世界。

正面列舉的過程

現在你釋放了對老闆的抗拒，針對他建立起沒有抗拒、更高的振動頻率，讓這個毫無抗拒的狀態延續下去，建立新的振動頻率基礎和產生吸引力的關鍵，你能享受到的價值無法言喻。換句話說，好好利用這個情勢，利用你當下的動力產生無窮的價值。

現在你的振動頻率符合**內在的自己**，接下來從本源的觀點，列出你的老闆和你的工作有哪些正面的地方。當你在能量渦裡，這個過程很簡單。我們鼓勵你試試看，因爲在能量渦中對你來說非常有價值。所以你能停留得愈久愈好。

現在把紙翻過來，寫下這一頁的標題：**我的老闆有哪些優點：**

- 他重視這間公司。
- 他知人善任。
- 他常會幫忙做案子。
- 他臉上常掛著笑容。
- 大家都喜歡他。
- 公司財務狀況不錯。
- 他在營運上軌道之後才招募人員。
- 他總是準時發薪水。
- 業務成長相當穩定。
- 我很高興我在這裡工作。
- 我喜歡我的工作。
- 我眞的很喜歡我的老闆。

你還可以列出更多，因爲調整振動頻率後，你的心智一片清晰。因此，你會感覺到字句輕鬆地流瀉紙上。你本來覺得這個人很煩，現在要讚美他時卻靈感源源不絕，或許連你自己都會很驚訝，但別忘了：此時此刻，你透過本源的眼睛看著你的老闆。

不斷的讚賞

針對這個對象，如果你要完全確定調整後的振動頻率，你可以進行下一個過程：不斷的讚賞。拿出另一張乾淨的紙，開始寫下你對老闆的讚賞（也可以用講的）。

我欣賞：

……他漂亮的車子。

……他把錢投資在公司。

……他常請我們吃午飯。

……我們有舒適的工作環境。

……企業的規模。

……公司的目標。

……在這裡工作給我們無限的可能。

……這家公司對世界的貢獻。

……在這裡工作的彈性。

……他熱切學習的心。

……他熱愛好的點子。

……他宏亮的笑聲。

……他對生意的投入。

……這家公司的穩定性。

……他給我的工作。

……冒險的刺激感。

……擴展的機會。

……幫助我擴展的對比。

……幫助我跟得上擴展的引導系統。

……這個世界。

……高科技帶來的美好時代。

……我的生活！

進入能量渦後的生活

我們寫這本書，是爲了幫助你接納振動實相能量渦的存在，從你內心激發出想要常駐能量渦的願望，因爲當你創造出這個能量渦，我們就能享受存在其中的益處。站在你的能量渦內，我們把注意力放在你提出的所有願望上，這些願望也塑造你成爲現在的樣子。把注意力放在情緒上，持續尋找給你美好感受的想法，你就能隨時隨地進入你的能量渦，在能量渦裡待得愈久，你就愈想留在裡面，因爲能量渦內的生活實在太棒了。

你的吸引力會跟著改變，只有想要的東西才會來到你眼前。你遇到的人都能夠符合你最佳的利益，速度跟不上你的事物就沒有機會碰到你。你會覺得充滿活力和朝氣，神志清明且自信滿滿。

你會看到別人身上最好的地方，不論他們看不看得到。你對生命的讚賞也會充滿全身，把注意力放在特別欣賞的事物上，你就會有非常美好的感覺。

不過有時候（這種情況甚至可能常常出現），你會想起或觀察到速度追不上的東西，這時你就會被能量渦驅離。但不要緊張，因爲你用心融入這個充滿對比的環境，就是爲了體驗從對比中浮現的新想法。出現第一個步驟（提出要求）是很稀鬆平常的事，你很清楚自己不想要什麼。但不要忘記，在這些時刻，你會把具體的願望射入振動暫存區；之後在你的努力下，抗拒都消失了，你就能輕鬆地回到能量渦裡，再度收割前面的對比帶來的好處。

現在你了解整個局勢，你會在三步驟的創造過程中找到自信，也能輕鬆完成。發生了某件事，導致你提出要求（因爲現在你了解能量渦，也知道怎麼進入）的時候，你再也不會因爲無能爲力而感到痛苦難安。不論這一路上可能會碰到多麼討厭的問題，變好的願望或要求會從你身上發射出來，解決的方法匯聚了所有互相效力的元素，等你進入能量渦。

你不需要跟別人解釋；事實上，就算你試著解釋，他們也聽不懂你在說什麼。但我們向你保證，讀完這本書，你現在眞的了解你跟能量渦的關係——而透過你喜悅的人生體驗，或許可以鼓勵別人來追求這本書裡的知識。

這場互動讓我們無比享受。

你會在這裡找到無限的愛，我們的喜悅沒有終點。

——亞伯拉罕

Transcript of Abraham Live: A Law of Attraction Workshop

|第六部|

亞伯拉罕現場文字紀錄

吸引力法則工作坊

（這幾場吸引力法則工作坊於二〇〇八年十月十九日星期日在美國北卡羅來納州的阿什維爾，以及二〇〇八年九月十三日星期六在伊利諾州的芝加哥舉辦。如果你對其他的錄音帶、CD、書籍、錄影帶、目錄和DVD有興趣，或想參加亞伯拉罕・希克斯吸引力法則工作坊，請電洽830-755-2299，或寫信到亞伯拉罕・希克斯出版社，地址是P.O. Box 690070, San Antonio, Texas 78269。如果想看看我們出了哪些書，請到我們的互動式網站：www.abraham-hicks.com）

你們是否被以負面的方式教養長大？

亞伯拉罕：大家早。我們很高興看到大家來到這裡。爲了共同創造而聚在一起眞好，你們說對不對？你會學到你想要什麼，對嗎？你也很享受願望的擴展，對嗎？很好。這就是最完美的共同創造，大家都同意吧？

你知道，你們不光是眼前所見的有形身體？在身體裡的你是更廣的本源能量的延伸，你知道嗎？無形的你、內在的本源，總會流向你、流過你，你無法與之切割，你明白嗎？更廣的、無形的你，在每日的生活中扮演超乎大多數人想像的重要角色，你發現了嗎？你是個非常深奧的連續體，是存在有形身體中的本源能量。

很多人都不知道。常有人說：「好吧，如果眞是那樣的話，爲什麼我不能過得更好呢？如果我是在有形身體中的本源能量，天使怎麼不爲我唱更多歌呢？」我們要你知道，不論何時，屬於你本相的幸福一直圍繞在你身旁，滲入所有氣場中一切的事物，不論是有形還是無形——幸福會持續流向你，流過你。當你達到隨順的程度，你就能在自己的體驗中看到證據。

看著在生命體驗中不斷開展的一切，你常覺得一定有外來的力量或情況（肯定有不少狀況），讓你無法獲得我們說你握有的幸福。因爲當幸福停止流動時，比方說你賺不到錢、體內某處感到疼痛、有人傷了你的心，或你想要的東西一直得不到，我們知道你有什麼感覺（因爲你非常想要幸福，不能接受其他的替代品），感覺就像有什麼東西阻擋幸福的流動。但我們要你明白，除了你以外，沒有任何人或任何事能妨礙幸福的流動。

好吧，我們承認，很多人出生的環境裡就沒有流動的幸福。你的父母過著艱難的生活，或者你生於動亂之中。由於你從嬰兒時期開始就觀察著周圍環境的大小細節，所以我們知道，因著你觀察到的東西，你很容易把你的振動頻率調整成抗拒幸福的模式，但如果你不讓振動頻率充滿抗拒，幸福就在你手中。

很多人會說：「你看，這就是我們在講的問題。爲什麼一個小嬰兒才生下來，就可以靠著觀察周圍的環境，訓練出充滿抗拒的振動頻率？嬰兒怎麼會把自己的振動頻率調整成抗拒幸福？」

我們認爲，因爲那個嬰兒，那個看起來弱小無知的嬰兒，其實是來自本源的自主創造者，他來到這有形的體驗中，一點都不擔心對比，甚至不想避開對比。相反的，他全心擁抱對比，明白從對比中一定能產生明顯的改善。

在你們的環境中，最偉大的人物通常都是誕生在充滿對比的環境中：周圍都是他們不想要的東西，也都是想要的東西。但讓我們假設說，你或你認識的人都生在對比強烈的環境中。我們要告訴你，當你生在對比強烈的環境裡，對比服務的對象不只你一個人，對比不只讓你擴展（你仍可以留在身體內，享受讓你獲益的擴展），也有針對群體意識的對比，服務的對象包括一切萬有，也就是你，和我們所有人。

吸引力法則掌管宇宙

等同本源能量的你繼續把注意力放在無形的事物上，另有一部分的你進入了有形的身體，對比幫助你知道你不想要什麼，進而讓你明白你想要什麼。有時候你確實知道自己不想要什麼，也確實知道你想要什麼。有時候你不清楚你不想要什麼，也不清楚你想要什麼。但對比一定會引起振動頻率的關注。

現在，不論是大聲說出來，還是形諸文字，你明白了你想要從體驗過的對比中得到什麼，你仍在發出相關的振動信號。很多人說：「噢，振動信號，那對我來說沒什麼意義……」我們要說，振動信號對你來說代表一切，因爲你活在由吸引力法則掌管的振動宇宙中，吸引力法則回應大量的振動頻率、管理這些頻率，並進行分類，把類似的振動頻率匯聚在一起。因此，你務必明白，你的存在就是一種振動頻率，不斷發出願望的振動信號。這裡有一件非常重要的事你可能已經忘記了：你從有形的身體發出你想要什麼的振動頻率，因爲你知道你不想要什麼，所以你知道你想要什麼，當你想著一個東西時，你會同時發出你想要什麼和不想要什麼的振動頻率，且兩者程度相等。

如果你沒有足夠的錢，你要求的金錢就等於你不夠的那個部分。（你懂了嗎？）如果你病症輕微，你就希望能稍微好轉。如果你病得很嚴重，你就希望能大幅好轉。也就是說，如果你把注意力放在物質的體驗上，你不想要的部分展現出來的方式，就是等同於你想要的。（你應該有點能夠體會了吧？）

不管你是否說出口，它都會從你身上發散出去。發出振動頻率後，你屬於無形本源能量的部分就會傾注於你新增或想要變好的願望；而你，從無形的制高點，就會在當下擴展到新的位置。

那就是更大的你發出的振動頻率（對了，那就是永恆的無形的你）……更大的你因爲體驗過的對比，改變了你所發出的振動頻率。太好了。如果體驗過對比的你，能讓願望的振動頻率符合無形的你，你現在就能體驗到非常快樂的時刻。但一般人通常都做不到。

知道你不想要什麼，會使你明白自己想要什麼，但你通常反其道而行，不把注意力轉到你想要的東西上，卻不斷說著你不想要什麼。但那其實也不是壞事，只是如果你一直這樣下去，就無法達成目的。換句話說，實際上的情況是，生命讓你擴展了，你卻躊躇不前。生命讓你變得更豐富，你卻還在找理由，不知道自己爲了什麼要擴展、爲什麼值得更好的東西，甚至哀嘆你無法成長，因爲得不到想要的東西而心情不好，抱怨別人得到什麼而你卻沒有，一直強調這裡沒有你想要的東西，所以有多麼糟糕，抱怨自己被困在這裡，說你在這裡等了多久，並發現還有很多其他人也在這裡，你們一起因爲留在這裡而自怨自艾……而你想要去到那裡。

「我們在這裡，我們在這裡，我們在這裡，我們在這裡，我們在這裡。那些在那裡的人，一定做錯了什麼事。他們一定騙了別人，他們一定跟販毒脫不了關係。他們一生下來就是壞胚子。他們怎麼可能比我更值得獲得獎賞，我不懂，我不懂，我不懂。我的東西在哪裡？我的東西在哪裡？我的東西在哪裡？我的東西在哪裡？」

你的振動頻率讓你提出要求，但你卻不從擁有的振動頻率發出願望，而是從匱乏的振動頻率提出要求。你看，很正常，不是嗎？當你得不到想要的東西時，你從匱乏的角度提出要求。但你感覺得到嗎？你形成了這樣的振動頻率：「我要的東西我沒有；我沒有我要的東西；我需要的東西卻沒有。在哪裡可以找到我要的東西？我要的東西在哪裡可以找到？」你感覺到了嗎？這樣的振動頻率正好跟「我擁有我要的東西」的振動頻率相反。

在你提出要求時，內在的本源（噢，這個地方非常重要，你一定要聽，因爲這個部分解釋了你曾經感覺到的所有情緒，或每個人曾感覺到的所有情緒）……當內在的本源和願望的振動頻率相符時，而你的振動頻率卻沒有跟上時，你就會感覺到不和諧。

現在，讓我們用你眞的可以聽得懂的方法來解釋。如果你要求的東西不超出你擁有的範圍，內在的本源就不會因爲你而發出新的振動頻率，那你就可以留在原地，沒有不協調的狀況。微妙之處在於，整個宇宙的存在就是爲了讓你擴展。你不能靜止不動。無論在什麼時刻，無論你在哪裡，都有讓你擴展的對比；如果你不跟著擴展，你就會感受到被拉開的對抗力量。

討厭的朋友讓你得以擴展？

所以，當你覺得高興快樂時，表示你擴展了；在這個想法出現的同時，你跟著擴展了。當你感受到愛時，表示你擴展了；在這個想法出現的同時，你跟隨著愛的思維。當你覺得有興趣、興奮、充滿熱情，當你調整、進入、發動的時候，表示你擴展了……在這個時刻，你改變了向來的習慣，再也不讓自己遠離本來的面目。

但如果在任何時候，你感到挫折、憤怒或恐懼，你覺得無力，你感受到負面的情緒，它們讓你覺得非常糟糕，那就表示在這個時刻，你的心情不夠平靜。或許你在討論一件事，或許你在寫相關的網誌——你心裡不得安寧，跟本來的面目離得愈來愈遠。你感受到的負面情緒就指出你隔絕了本來的面目。說隔絕或許太強烈，但我們要你注意到這件事。感覺到負面的情緒時，就表示你的振動頻率跟無形的你不一致。

還有一些很重要的事情要明白：你認爲，如果生活不讓你擴展，那就不需要去追趕了。你說：「對呀，我就是這個意思。如果沒有那麼多對比，我就不會擴展。如果我不擴展，就不需要離開原地了。我留在這裡就好。」我們說，不可能的，因爲你不能停下來站在一堆會讓你不斷擴展的選擇間。

我們都是永恆且專注的存在，意思是，你是關注自我的，每個人都一樣，不論在哪一個存在的層次（即使小到細胞的層次），我們都無法停止追求更好、追求更好、追求更好。你看，很難了解吧！我們知道你大概會怎麼抱怨。不過，應該是這樣說：如果沒有對比，你就不會想要變得更好。但最能讓你變得更好的對比，反而是你用來停在原地的藉口。（是不是很有趣呢？）

就好像你有一個朋友（只要是認識的人都可以）……你有一個朋友，他一直擾亂你，讓你進入擴展。這個朋友長久以來就讓你覺得不好過，而因爲你常提到他，所以你難以擺脫他，結果吸引力法則就讓他一直留在你的生活裡。就算你能搬到半個地球以外，離他遠遠的，但另一個人馬上會補進這個位置。因爲當你的振動頻率活躍時，吸引力法則就把相關的事物帶進來，還會一再重複。

所以你有一個朋友讓你覺得很煩，結果讓你得以擴展。這個朋友跟隨自私自我的本質，盡一切努力讓他自己的感覺更好。他讓你覺得很煩，因此你就擴展了，而且做得很好，因爲他就像鯁在喉嚨的骨頭，已經卡在你身邊很久了；好呀，太好了，太好了，一段討厭的關係反而讓無形的你擴展。你擴展了，不斷擴展。所以我們可以說，這個讓你不開心的朋友是你振動頻率擴展的大功臣，這段令人不自在的關係，讓你內在的本源獲益良多。所以，這個朋友是你擴展的主因，但好玩的地方是：跟大多數人一樣，你現在以這個朋友和這段對比的體驗爲藉口，不去跟上他帶給你的擴展。

這就是爲什麼你特別生他的氣，氣得不得了。你們的振動頻率密不可分。也就是說，你的擴展有他的參與，但你用這段關係的瑣碎細節當作不擴展的理由。這就是爲什麼你想把這傢伙拋諸腦後卻做不到。這就是爲什麼大小事情似乎都是這傢伙的錯。你注意到了嗎？當你碰到這種情況時（每個人或多或少應該都會碰到），可能是因爲那個人，然後是另一個人，然後又換成另一個人，再來還有一個人……

換句話說，似乎總有某件事能當成現在的藉口，不讓你自己享受美好的感覺。就好像說：「如果我能撂倒這最後一個臭傢伙，把他給宰了，沒有這些討厭的人，我就會感覺很好。」

我們說：你不能去除世界上所有讓你覺得困擾的事物。對於那些讓你煩擾的事情，你必須消除與它們相關的振動頻率。等你去掉了那些討厭的振動頻率，讓你煩擾的事物就再也無法出現。

但你無法從你的振動頻率中去除任何東西，因爲在吸引力運作的宇宙中，沒有被排除在外的因素。當宇宙靠著吸引力運作時，只會不斷納入，也就是說，當你看到你想要的東西，你接受它，這個東西就納入了你的振動頻率。但當你看著你不想要的東西，你拒絕它，但它也會納入你的振動頻率。要停止吸引你不想要的東西，唯一的方法，就是把注意力放在你想要的東西上。但你必須一小步一小步地前進。

我們希望用某種讓你比較沒壓力的方法把這件事告訴你：如果你對某樣東西產生活躍的振動頻率，而你也把焦點放在它上面好一陣子了，那麼你無法像切換電台頻道一樣，突然轉到另一個頻道。換句話說，你只能在情緒刻度上一點一點地增加。如果你已經訓練好自己（「訓練」這個說法眞的很不錯），假如你訓練自己，把頻率調整成對某件事物的抱怨……我們明白，這很合理。這不是你憑空捏造的。你是眞的看到發生了什麼事。我們知道，他們可以做得更好。他們的態度可以更好一點。他們可以調整、進入和發動。如果他們已經調整、進入和發動，你只要看著這些人，就會有更好的感覺。你知道，因爲在你的生命中曾碰過一些可愛的人（數目不多，但你的生命中眞的有一些値得愛的人）。這些人大概都不超過兩歲。不過你眞的碰過一些讓你很喜歡的人……有可能他們有皮毛或羽毛（我們指寵物，開玩笑的啦）。大多數人都無法控制自己的振動頻率。因此，當你對某個人說：「我需要你跟自己本來的面目保持一致的振動頻率，這麼一來當我看著你時，我就可以跟我本來的面目享有一致的振動頻率。」這麼說簡直像痴人說夢。

你應該要控制自己的振動頻率，對每個人說：「你們的工作並非達成一致的振動頻率，好讓我感到快樂。不論是過去、現在還是未來，我都應該在我的環境中，尋找跟我本來的面目相符的事物。」也就是說，你想要愛，卻找錯了地方，找錯了人。你要尋找愛、也能找到愛的地方，就是擴展後的你，充滿本源能量的你，有愛的你——把你自己的振動頻率調整成那樣才對。

所有互相效力的元素都聚合在一起

我們可以說，你用——當藉口，讓你的振動頻率不符合本來的面目……你可以用你的引導系統，也就是你的情緒。你的情緒就是你的指標：感覺愈好，有形的你和無形的你之間的差距就愈小……感覺愈差，有形的你和無形的你之間的鴻溝就愈大……如果你一直抱怨，一直感覺不開心，表示你把自己的振動頻率調整成你無法去享受美好的生活。所以你說：「好吧，我要抱怨的東西眞的抱怨不完。」

我們說，這不難想像，因爲你訓練自己的振動頻率充滿了抱怨，你的思考模式阻礙了幸福。

然後你說：「那我要怎麼拋開這種習慣呢？」

我們說，只要有機會，就自覺地、用心地針對你面前的一切事物，去找出最好的想法。要得到最好的，而不是最糟糕的。一直大聲說：如果……不就很好嗎？而不要說：

如果……不就糟糕了？大聲說：我真的很喜歡某個東西的某一點，而不是我真的很不喜歡那個東西的……

如果我們能說服你相信，你就是本源能量的振動頻率，有力地召喚你去享有你應得的幸福，如果你願意聆聽本源的呼喚，感受那股振動頻率，一直聆聽，持續朝著讓你感受良好的想法前進，在你還沒發現前，不論內心有什麼想法，你都能彌平有形的你和無形的你之間的振動鴻溝——然後你就會充滿喜悅、持續前進、實現志向、跟隨直覺、擁有愛和活力、情緒愉快，回到你生下來就應該是的樣子。一旦你了解所有這些道理，就不難達成了。也就是說，如果你不明白你就等於本源能量，當你進入有形的身體後，如果你不讓你的振動頻率符合本來的面目，你就不會有良好的感覺。

進入強大的吸引力能量渦

接下來是創造過程運作的方式：你是本源能量。有一部分的你進入這個有形的身體。你和其他人混合在一起。你持續發射出願望，而你內在的本源接收這些願望。現在，你周圍的事物都是之前振動頻率的延伸或擴展後的版本，你明白嗎？所有的東西在變成思維形式或成形前，都是振動頻率。因此，就算你看到的這個世界在軌道上轉動，它之前也只是一種振動的概念。現在你在這裡，完完全全是個人類，有實質的身體，從振動頻率的角度詮釋這時空實相……周圍你所知的事物，都是實際的東西——它們僅僅是思緒的延伸。

在你的未來將要發生的事物，就振動頻率而言都已經實現了，就在你的振動實相（前面我們用振動暫存區這個說法）中。現在又有很多人會嗤之以鼻地說：「噢，振動實相啊。」我們說，你不該嘲弄振動實相，因爲所有的「實相」都來自振動實相。如果你願意隨順，就會立刻看見。

你在尖端思維。在很多情況下，從思緒初發到成形的時間，通常都只要幾秒鐘。因此，在很多情況下，你的想法幾乎能夠立刻展現出來。創造對你來說一點都不陌生，你已經花了很長的時間創造，在你誕生進入有形身體前，你已經成就了不少事。出生後你的腳還沒踏到地上，就已經醞釀出振動暫存區。現在，由你剛剛和別人的對話、剛剛看到的電視節目、剛剛讀過的書、剛剛看的電影、剛剛產生的思緒，你對振動暫存區就有了貢獻，提供醞釀的素材。不只是醞釀，還開始旋轉。這個暫存區是一個巨大的吸引力漩渦（你已經聽過了吸引力法則，不過少有人能了解吸引力法則的力量。這就是創造世界的法則）。因此，這裡出現了不斷旋轉的能量。它怎麼來的呢？你在出生前就已經把能量灌注到這裡。出生之後，你每天都會繼續灌注能量……

因此就有了這個形成的能量渦。這個形成的能量渦。這純粹的振動頻率集合了所有你想要的東西，所有按著你的要求修改過的大小細節，這股振動頻率不斷轉啊轉，轉個不停。吸引力法則正在召喚所有的事物（注意聽了），所有互相效力的元素。

這是什麼意思呢？互相效力的元素指的是「振動頻率相符相契的事物」。因此，你沒有愛人，你希望有愛人。你有一個很窮的愛人，你希望有一個比較有錢的愛人。你的愛人不怎麼喜歡你，你希望有一個眞的很愛你的愛人。你有一個價值觀跟你不一樣的愛人，你希望有一個跟你擁有同樣價值觀的愛人。

也就是說，你一直在打造這個暫存區，這個暫存區發出的振動頻率非常活躍眞實，也不斷發出吸引力。因此，這裡就是你對所有事物的要求。而在那裡，你的要求被接收了，開始脈動……不，你的要求被聽到了……不，你的要求眞正存在了……靠著你內在的本源，創造世界的強大吸引力法則，正在匯聚所有互相效力的地點、人物、事件、東西：要滿足你的要求，所有必要的事物都被吸到這個有力的能量渦中。

我們想問你一個問題：你也在效力嗎？你是否能爲自己的願望效力？

「不，我很鬱悶，我無法效力。」

你的振動頻率符合你的愛人嗎？

「不，我很討厭我現在的愛人。」

你的振動頻率是否符合你想要的幸福？

「不，不，我參加了一個線上聊天室，我們一直抱怨。我們一整天都在抱怨所有的事情有多糟糕……不，這個有形的我，是我創造出來最不合作的元素。」

所以，你的創造出了什麼問題？其他人也一樣嗎？不，他們在從事自己的創造。

「那麼，我的創造會消失嗎？」

不，只會愈來愈大。

對比其實不是問題

我們要你進入願意（willing）的境界……不只是願意，還要下定決心……不只下定決心，還要充滿熱情……才能鬆開手，不像其他人一樣，硬要去控制無法控制的事物。你要把全副注意力放在你唯一能夠控制的東西上，也就是你的感覺。我們希望你離開這個工作坊之後，你會說：「我決定要面對生命，在我的日常行事中，我要竭盡所能做到最好。」

絕對沒有問題，因爲所有的對比，不論看起來有多糟糕，一定能幫你釐清你眞的想要什麼。我們要你務必記住這一點：對比，無論看起來是什麼樣子，對你的擴展絕對有強大的貢獻。那些在你生活體驗中被你說成「出了問題」的事物，其實只是完全正確的東西跟你當下的相關想法之間的距離。我們的意思是，如果你能接受你已經匯聚了豐富的振動頻率資源，準備讓你展開探索，那麼只要你願意看向你想要的東西，就可以立刻投入，你再也不會轉頭看你不想要的東西，就在此刻，生命會立刻出現轉機。

這就是我們要給你最有力的訊息：人生應該要覺得快樂。你活著，不論你知不知道……當恩典源源不絕流向你，回應你所有的願望，你就能全盤接收。你們之中沒有任何人跟其他人是分開的，沒有人不該領受恩典。幸福的風暴完全籠罩了所有的人。當你明白這一點之後，雖然只看到跡象，你會願意接收不斷流向你的幸福和價值，享受隨之而來的益處……要看到跡象，最好的方法就是留在你現在的位置，盡全力尋找周圍事物最美好、最正面的地方。即使值得讚賞的事物不多，你也要努力尋找。雖然四周給你糟糕感覺的事物比較多，你也要努力尋找給你良好感受的事物。盡一切努力，把你的注意力放在體驗中最美好的事物上，想想此刻能找到哪些可以帶給你美好感受的事物，下定決心調整自己的振動頻率符合這些事物。

今天，不論我去哪裡，不論我做什麼，不論我的同伴是誰，我最重要的目的就是要尋找給人良好感受的事物，不論是看到、聽到、聞到、嚐到、碰到的事物。我最主要的目的就是要徵集、體驗、誇大、談論和沉浸在我現在這裡能看到的最美好的東西。那就是你的箴言，你要把自己調整成所能找到最美好的振動頻率，然後好還要更好，持續改進。在不知不覺中，你的振動頻率就幾乎跟振動實相的振動暫存區裡的事物一模一樣。

準備好進入能量渦了嗎？

這個振動實相不斷旋轉，不斷變化，如果你覺得憤怒、恐懼或失望，就無法靠近。當你靠近希望的邊緣，開始覺得有希望的時候，你就有可能擁抱希望。感到有希望時，你就被拉進去，裡面的力量開始吸引你。一旦你相信或期待好事會發生，你就在能量渦裡。一旦到了那裡，你就再也不是唯一無法效力的元素。現在，你也開始發揮力量，有機會得到財富、活力和清晰的頭腦。你能找到美好的伴侶、友善的鄰居，以及生活中你一直期望得到的事物。一旦你開始靠近給你美好感受的事物，就能遇到你之前放在能量渦中的美好事物。你可以訓練自己進入能量渦，只要一天就能學會。

明天，你的振動頻率就會跟本來的面目非常貼近，你也會看到證據。你會看到變化：銀行帳戶裡的數字愈來愈接近你想要的目標，周圍的人變得更體貼……當你關切自己的感受，你就能控制自己發出的振動頻率；當你能控制自己發出的振動頻率，你就能控制所有來到你面前的事物。

在乎自己的感受，朝著良好的感覺前進，在短短的時間內，振動頻率就能符合你現在的面目。然後，別人會看著你說：「你發生什麼事了？你看起來每天都很開心，每次看到你，你身邊總有什麼好事出現。」

你說：「我進入了能量渦。」

別人說：「什麼？」

你說：「是的，我進入了能量渦，而且我在能量渦裡。」

別人問：「什麼？你怎麼進去的？入口在哪裡？從什麼地方進去？我也想進去。」

你說：「嗯，你也有自己的能量渦，你必須憑感覺找到入口。沒有使用說明。沒有詳細的手冊。沒有一眼就能看見的大門。沒有密碼鎖。你要靠著感覺進去。」

「好吧，那你怎麼知道自己走對路了呢？」

「用感覺，感覺就會變得愈來愈好。」

「嗯，我只覺得我想報復。」

「哦，或許你的方向沒錯。在報復之前，你有什麼感覺？」

「嗯，在報復之前，我覺得很無力。現在我只想報復。」

「很好，你走對方向了。」

「我很想報復，而我正朝著幸福的能量渦前進？」

「是呀，是呀，但不要再回到無力的感覺，你就走對路了。」

「報復之後會出現什麼？」

「憤怒。一大堆人會惹得你眞的很生氣。」

「噢，我有過那種感覺。」

「好的，再體會一次，因爲當你感到憤怒時，你就在正道上。憤怒比報復更好，更靠近能量渦。」

「之後會出現什麼？」

「挫折、無所適從、覺得自己沒用。」

「唔，我大概明白了，然後呢？」

「希望。」

「我已經很久沒有那種感覺了。」

「好吧，你要期待希望，因爲當你靠近（你可以這麼告訴朋友）希望時，就進入了能量渦。有時候（其實是每天）會發生某件事，向你證明你憑著自己創造了體驗。如果你能抓牢希望，就算只有兩三件事，你也能進入能量渦，然後你就會相信。走到希望這一步其實不難，如果你做得到，就能夠進入能量渦，讓你願意相信。」

「相信什麼？」朋友問。

- 你會開始相信思維的力量。
- 你會開始相信宇宙的美好。
- 你會開始相信存在的價值。
- 你會開始相信本來面目的力量。
- 你會開始相信互相效力的吸引力法則。
- 你會開始相信世界上沒有做不到的事。
- 你會開始相信你就是自我實相的創造者。
- 你會開始相信你可以把注意力放在你的感受上，如此便能控制思維。
- 你會開始相信你什麼都做得到、什麼都達得到、什麼都能擁有。

「我知道的就這麼多，」你告訴朋友，「我現在在能量渦裡。」

什麼是能量渦？就是用振動頻率宣告你現在的面目。宇宙間所有互相效力的元素都已經匯聚在那裡，在那裡等你。聽了你不覺得高興嗎？等待你，等你到來。

你還在等什麼？「這個我不喜歡，那個我也不喜歡，那個我一樣不喜歡，那個我就是不喜歡。」在每日的體驗中，無足輕重的、不重要的、渺小的事物都變成你不能進入能量渦的藉口。那不就是惰性嗎？你只要想一些有希望的事，忘掉悲觀的事。用讚賞取代輕蔑。你可以讚美你的政府……好吧，這有點難，找個簡單一點的。找到讓你感覺良好的原因，放棄讓你感覺不好的東西。很簡單，就跟開關電視一樣容易。

吸引力法則與根據法則的前提

所以，我們聚集在這裡，不論你讀了我們寫的內容，還是聽了我們講過的話，我們都要你明白，我們提供的所有東西，以及伊絲特從我們的振動頻率解讀出來的訊息，都是爲了要幫助你再度察覺到符合宇宙法則的有效前提。當你明白法則的意義，用你的知覺去測試法則，法則就會向你證明這些眞理的有效性：

- 你是自我實相的創造者。

- 在你進入有形的身體以前，你就很有價值了，在這個世界上，不管發生什麼事，你仍然很有價值。
- 你是無形的本源能量振動頻率，遠超過單單的血肉之軀。
- 吸引力法則對每個人都給予平等的回應。
- 吸引力法則會回應所有的人事物，也就是同頻共振，同質相吸，因此不論哪種振動頻率變得活躍，吸引力法則都會帶來與其相符的東西，使其更加活躍。
- 你就是本源能量，你的觀點能得到吸引力法則的回應；在這思維的尖端，你在這充滿完美多樣性的時空實相裡，把注意力放在有形的事物上，你是領先、眞實的創造者，吸引力法則也會回應這個層面的你。
- 當吸引力法則同時回應有形的你和無形的你，你會感覺到這兩種振動關係的和諧，或有可能是不和諧。你的感受愈好，有形的你就愈符合無形的你。你的感覺愈差，有形的你就與無形的你漸行漸遠。
- 當生活讓你明白哪些東西是你不想要的以後，不管你有沒有說出來，你因此也明白了你想要什麼。知道自己想要什麼，你就會發出振動頻率，無形的你接收到以後開始回應；就在這一瞬間，吸引力法則也會回應你最新形成的振動頻率。
- 不斷積聚的振動實相是眞正的你。還有有形的實相，確確實實展現在你眼前，是

「看得到、嚐得到、聞得到、聽得到、碰得到」的實相，那實相跟振動實相表露出來的樣子略有差別……你已經想了很久，現在它就展現在你眼前，讓你察覺到自己的振動頻率。

- 你所有的體驗彰顯出你所有的振動頻率。
- 你不斷變化，你所代表的幸福非常強烈、非常持久（已經到了永恆的地步），所以幸福一定會勝出，但有些人必須掙扎過，才能體驗幸福。

我們在吸引力法則工作坊中非常強調隨順的藝術（也就是找到跟本來的面目相符的振動頻率），我們經營這些工作坊是爲了幫助你把振動頻率調整成跟你本來的面目一致，活出你想要的生命，得到鼓舞，發出純粹正向的能量，你就等於愛。

在有形的實相中，最常遭到誤解的前提是，當有人做了什麼你不贊同的行爲時，你最好要明白說出來，不然只會碰到更多類似的情況。但實際的情況是，如果你一直去在意你不想要的東西，你就更可能持續發散出某種振動頻率，讓自己無法得到眞正想要的東西。

我們要在你心中植下最強大的前提，我們向你保證，這個前提可以讓你受用一生：信念只是我一直在想的想法。信念只是我一直在想的一件事。信念只是我的思考習慣。

信念只是一個累積的想法，它只是我想了又想的思緒。

那有什麼關係呢？當你想要某個東西，但你相信的卻與它完全相反，相反的信念就會阻止你想要的東西出現。當你想要某個東西，你也願意相信它，兩者合而爲一，你發出一個信號，吸引力法則就會立刻把你想要的帶過來。但當你想要某樣東西卻心存懷疑，想要卻不相信，那麼你就會發出相反的振動頻率，有可能你終生都把自己困在原地不動。

「我想要，但是……」、「很想要，可是……」、「那是好事啊，可是不會發生在我身上」、「我眞的很想要，但是我已經想好久了……」如果你只會說這些話，當你繼續面對現實、當你只著眼於現狀，你就建立了一種振動頻率模式。（信念只是縈繞你心頭的思緒。）

信念只是在你心頭徘徊不去的思緒；只有你的信念才會讓你得不到自己想要的東西。信念只是你一直思索的想法。信念會讓你遠離你本來的面目和你眞正想要的東西，而信念只是你想了又想的思緒。（做好筆記了吧？）

「所以，如果信念只是我想不停的想法，我又一直想著跟我想要的東西相反的思緒——那麼，我得不到我想要的東西，是因爲我的想法牴觸我想要的。」

很有趣吧？難以反駁，耐人尋味。「如果信念只是我一直在想的想法，那麼假如我一直去想一件我不相信的事，想得夠久我就會相信它了嗎？如果信念只是心頭縈繞不去的思緒，爲什麼不想一些有希望的事呢？」

「亞伯拉罕，那很蠢。事實並非如此。事實上……」

唉，好吧，那就是我們討論過的那個錯誤前提，不是嗎？它眞是陰魂不散。

「所以，你們的意思是，我把我的生命建築在錯誤的前提上，因爲我面對現實，因爲我把注意力放在不想要的東西上？」

就連伊絲特偶爾也會說：「但是亞伯拉罕，眞的是這樣，就是這樣沒錯。」彷彿你關注的東西眞有什麼前提存在。

信念只是你想了又想的思緒。人類懷有許許多多沒用的信念，最嚴重的是：我沒有價值……不勞則無獲……我一定生錯了星座……一定是業障……可能是我媽媽的錯……是政府的錯……你想相信那個錯誤前提，對不對？是政府的錯。如果他們能有點作爲，就能帶來改變。

我們要告訴你，當你記得信念只是你一直放在心上的想法，你就能重拾力量。「信念只是我一直在想的想法。信念只是我一直在想的一件事。信念只是我想了又想的思維。我要開始相信了。信念只是在你心頭徘徊不去的思緒。信念只是你一直思索的想法。心中出現某個想法，就會激發振動頻率；振動頻率變得活躍後，吸引力就啓動了。

所以，如果我一直想著同一件事，讓吸引力保持活躍，吸引力法則也會持續回應這活躍的振動頻率，然後我就會獲得成果，並不是因爲這是事實，而是因爲吸引力法持續回應盤據在我心頭的想法。」

那麼，如果你一直想某件事，卻得到你不想要的回應，換個不一樣的想法不是比較好嗎？

「噢，亞伯拉罕，那不合邏輯吧。你們要我想不切實際的事情？你們要我幻想，還是逃避現實？你們要我想像不存在的東西？」

對。

「你們要我做夢？你們要我想像？你們要我說不實在的話？」

是的。

「我這麼胖，你們卻要我假裝我很苗條？」

對。

「我沒錢，你們還要我假裝有錢？」

正是。

我們要你想那些合乎願望的思緒，直到你相信這些想法。當你思索那些合乎願望的思緒，直到你相信爲止，宇宙的力量就會證明你的信念。但如果你要先看到才能相信，就無法成眞。你必須先相信，然後才能看見。

信念是什麼？

「信念就是縈繞心頭的思緒。」

我們剛才說了什麼？你必須一直想某件事，直到實現；你必須一直想著某件事，直到你相信，等你信了，那件事就成眞了。就這麼簡單。那你爲什麼還不能集中注意力呢？現實。事實。那又怎樣？你眼前所見，你口中稱爲實相之物，只是凝固的、拼湊起來的想法——一個其他人想了夠久的思緒。

當伊絲特問：「亞伯拉罕，正因爲是事實，我才去想，不是嗎？」我們說，所有的事實只是足夠多的人或某個人，把足夠的注意力放在某件事上面，而且注意的時間夠久，讓它成爲一個想法，那徘徊不去的想法一直占據眾人的心頭，直到吸引到對等的東西。

你相信周圍形形色色的許多事物都符合你的願望。而你也相信周圍很多事物會讓你的願望落空。要怎麼分辨這兩類事物呢？你怎麼知道內心哪些活躍的信念會滿足你的需要，又有哪些活躍的信念無法滿足你的需要？你如何分辨有利的和不利的？想到那些有利的信念時，你的感受會更好。想到不利的信念時，你會覺得更糟糕。

「但是亞伯拉罕，我腦子裡有好多想法，可是我感覺不到什麼。」

繼續想，它們就會填滿你的心思，你很快就會明白了。換句話說，這就是吸引力法則的美妙之處：在剛開始難以捉摸的階段，你或許感覺不到差別。但想得愈久，想法就愈活躍；想法愈活躍，吸引力愈強；吸引力愈強，結果就愈明顯。就跟你知道的一樣……這是適合創造者從事創造的完美環境，你來到世上時就已經明白。

那麼，你們還想討論什麼？只要是重要的事情，我們都很想討論。沒有任何禁忌。展現的過程會非常完美。如果你沒機會上台，不要擔心，因爲一定會有人被叫到，而他問的問題正是你想討論的。

在你們的身體到場前，這場集會就已經開始了，所以你想討論的任何事情都會在這裡得到完整的解答。你可能無法接受到我們的訊息，但我們承諾我們會給你完整的討論。另外，你跟已經創造出來的能量渦的距離也是一個因素，在揭露新的想法時，你或許接收得到，或許接受不到，我們會盡力把你吸進來，你才能完全接受。唔……今天一定會很有收穫，就從這裡開始。

小孩必須爭取自己的幸福嗎？

提問者：我們有個孩子，他現在六歲了。他跟我們住在一起兩年，我們叫他亞伯拉罕的小孩，他從創造而來（透過隨順），他充滿喜悅，非常特別。在這個當下，我們相信他想要什麼，就可以有什麼，但當他向我要求東西時，我很不喜歡。「我可以買玩具嗎？我可以買糖果嗎？我想要這個，可以嗎？我想要那個，可以嗎？」我心裡出現掙扎，我想說：「可以啊，給你錢。想要什麼就去買。想要什麼就買什麼。」我的意思是，他要什麼沒有關係，只是我想要避免……我不知道我想要怎麼辦……但慷慨奉獻真的很難。然而，根據我從亞伯拉罕身上學到的東西，我想他應該得到他想要的東西。如果我們有能力滿足他的要求，而且沒有害處，我會一邊想：爲什麼他不能有？另一邊又想：嗯，等一下，你就這樣，小孩要什麼就給什麼嗎？我不知道該怎麼辦才好。

亞伯拉罕：好的，看來又要揭開另一個錯誤前提：孩子不打不成器。（是呀，是呀，你最近常打他嗎？）

提問者：如果你問他，他會說對。

亞伯拉罕：我們明白這是你從我們這裡學到的前提。也就是說，你常常聽到我們說，當你爲了別人做某件事時，就彷彿在說：「我幫你做這件事，因爲我覺得你做不到。」而這就牴觸了你內心的感受。你想要發出鼓勵之意，但你不想成爲他的幸福流過的唯一的能量渦。

但如果他的要求來自純粹的期望，你也有一股想要給予的衝動，那你就只是宇宙中發出的順應元素。換句話說，你跟你的做法都被吸引到他的振動暫存區，你也是一項效力的因素，幫助他得到任何他想要的東西。

所以，我們要跟你說，你只需要察覺到一件事：如果你的給予出自願望，而不是責任，那就絕對不會失調。我們的意思是，如果他的要求出自純粹的願望和純粹的期望，你就很難拒絕。但如果他內心不和諧，想要東西只是爲了滿足心中的空洞，他覺得少了什麼，那麼你就會覺得不恰當，然後這件事就變得不恰當。

提問者：有時候他雖然開口要，心裡卻想著我不會給他，所以他想的也跟要的不一致。

亞伯拉罕：一點也沒錯。你也不想立下錯誤的前提，打亂他的計畫。也就是說，如果他的立場是他不期望你給他那樣東西，你推翻你的引導和他的引導，給他那樣東西，你就立下了錯誤的前提，所以你才會覺得很困擾。（**提問者：**對呀，很難。）因此，你要一直告訴自己、告訴他、告訴所有人：「當你做好調整，別人就無法拒絕你，我和宇宙間所有的元素，都會爲你效力。但當你還沒調整好，你乞求、你懇求、你需要、你提出要求的立場失去和諧，你的願望就很難實現。」

這就是你基本上要傳達的，不論他是否夠成熟，是否聽得懂你說的話，但這就是你要透過清楚的方式來表達的前提（用第一人稱）：我的目的就是要跟我的本源調和，任何相符的事物都會把我們所有人帶到同樣靠近的地方，看著本源呈現在眼前。但我不想一天到晚去彌補你失調的地方。所以，我努力的目標就是要讓你符合本源。你能符合本源，對你來說就是最好的禮物，也是我最好的禮物。我能符合本源，就是對我最好的禮物，也是給你最好的禮物；那就是我要證明的。

你做得到，他也能懂，你只要問一個簡單的問題：你要什麼？你爲什麼想要？他會解釋說，因爲他沒有，所以想要，你會想哈哈大笑，對他說：「對呀，這個原因很奇怪。你沒有，所以想要，那我就想站在沒有的那一邊，而不是有的那一邊。但當你想要某樣東西，是因爲那會很有趣，我就想幫你完成心願。」也就是說，這就是你要展現給他看的。

提問者：很好。對啊，很不錯。

亞伯拉罕：他應該已經了解了，但是你不夠堅決，所以他覺得很困惑。

提問者：對，你們說得對。我覺得我妨礙了他的創造，所以……

亞伯拉罕：好，你可以告訴他：「你知道，如果你不讓我干擾你的平衡，或許你能夠創造出更多，因爲我……」

提問者：對呀，我也這麼想。就讓他有那個東西，我爲什麼要干涉？

亞伯拉罕：因爲有趣啊。

提問者：噢，原來如此。

亞伯拉罕：爲什麼他在你的生命裡？

提問者：因爲那會很有趣，令人喜悅。

亞伯拉罕：因爲有趣……那表示你們在彼此的振動暫存區裡，吸引力法則把你們湊在一起。吸引力法則也會讓其他的東西聚在一起，很有趣，對不對？但也有一個錯誤的前提：「我不想寵壞他，我不想讓他覺得他想要什麼，只要開口，我就會給他。」我們說，爲什麼不給呢？

「嗯，我會陪在旁邊，而且因爲疼愛他……我一定會給他想要的東西。但當他進入現實的世界，他就會嚐到苦頭。」

我們要說，假如因爲他頻率不一致你就不給他他想要的東西，他還是不可能因此就可以輕鬆地去面對吸引力法則爲他建造的世界，而如果他頻率失調，你的頻率也失調，你就不可能給他想要的東西。因此你也沒辦法幫他準備好去面對吸引力法則展現的方式。

就在你的家裡建立核心，模仿你心目中的吸引力法則，然後讓你跟孩子準備好可能要面對的一切。如果父母用錯誤的前提扭曲了宇宙的法則，孩子面對現實世界時便會覺得無所適從。

最重要的元素就是一致的振動頻率，其他的都不重要，其他的東西比起來眞的微不足道，比都比不上。還有很多人（就是我們要討論的錯誤前提）會去決定什麼是對、什麼是錯，卻忽視一致的頻率，而一致的振動頻率才是最重要的。

我們知道。沒錯，眞的很難，很多家長也這麼說，因爲你想爲孩子立下基本準則，你做得沒錯。你希望孩子成功，你不希望他們在街上鬼混，你不希望他們吃玻璃，你也不要他們跟公園裡的變態玩。也就是說，你想禁止他們做的事情有很多。我們只想告訴你，當你透過自己一致的振動頻率教導他們達成一樣的目標，你就爲親子關係奠定了基礎——你給他們的，是一輩子、永永遠遠可以依靠的東西。

當孩子向你要你覺得不太妥當的東西時，完美的答案是：「你知道嗎？我不知道爲什麼，可是我覺得這眞的不好。還有，我一直承諾自己，尤其是跟你有關的事情：如果感覺不好，我就不去做，除非我能達成一致的振動頻率。所以，如果我能讓自己覺得這件事聽起來不錯，表示我跟完整的我已經頻率一致了，那我們就繼續。但在那之前，不要叫我做我覺得很不恰當的事。」那就是你要給小孩看到的榜樣。頻率不一致時，我絕不採取行動。感覺不對時，我絕不採取行動……我絕對不會去做感覺不對的事，這跟你多想要那個東西沒有關係。我就是不做我覺得不恰當的事情。

當孩子在遊樂場或其他地方玩的時候，有人想說服他去做某件事……然後他說：「我不做我覺得不恰當的事情。」當你聽到他這麼說的時候，難道不高興嗎？「我不做……」

「來啊，我們去店裡偷糖果，我偷過好多次了，好好玩。」

「我絕對不會去做感覺不對的事情。」

「喔，來嘛！不會被抓到的。沒關係啦，只是偷個小東西，沒有人會發現的。」

「我絕對不會去做感覺不對的事情。」

「哼，爲什麼不要？你是膽小鬼。」

「嗯，現在感覺更不對了。你這傢伙不好。我不要跟你玩了；你會做壞事。我覺得你不是好人。我不跟不好的人一起玩，我也不會去做感覺不對的事情。我一定要保持一致的頻率。那是我爸爸教我的。」

你有沒有聽別人說過：「我打賭你不會做那件事，」你心裡想，你最好相信我不會做那件事。我無法反抗你的氣勢。我無法反抗你負面的期望。你是否碰過這樣的人？因爲缺乏期望，就硬逼你去做某件事。我們或許太誇張了點，但我們只想讓你明白，你對孩子的夢想是什麼，你就必須先到那裡去……

提問者：而且留在那裡，對吧。

亞伯拉罕：你不需要留在那裡。你只要明白宇宙的法則（你已經明白了），並去除這些錯誤的前提——記得你能鼓勵別人做某件事，但無法一直如此。如果你擴展了，更有力了，如果你告訴他們結果夠好夠大，他們就會投入。你甚至可以馴服野馬（馬夠大了吧），但你絕不可能訓練出喜悅的馬匹。但當你看到最好的那一面，你也轉換位置到能看到最好那一面的地方，然後調整振動頻率並發出信號，現在你就變成了鼓勵的一部分。

有人認識你，然後愛上你，期待看到你最美好的樣子，你有過那種體驗嗎？你是否因此變得閃閃發光？如果沒有人愛你，你不覺得自己很難脫離黯淡無光的樣子嗎？

我們要告訴大家，其他人對你來說都不重要。我們要每個人放開那些只懂謾罵的人（包括你們的父母親），處理出現落差的振動頻率。你是一個自主創造者，除了生命，你還要更多，你要讓自己更熟練，然後傳授給小孩。你的孩子真的很幸運，我們所謂的幸運，是說你能明白這個道理，跟運氣沒有關係，但是他真的很幸運，能來到這樣的環境中，他的父母親正在學習如何按著始終一致的宇宙規則來體驗生活，而不被錯誤的前提蒙蔽。

提問者：我想你們已經說過了，不過既然我坐在這裡，我想問，如果我能跟神對談（根據你們的說法，我正在跟神對談）……養育小孩到底有什麼原則？

亞伯拉罕：他現在就很完美了，還會更完美……他來到這裡並非爲了滿足我的目的……我應該把他隨時放在心裡，才會有很好的感覺……他沒有責任要討好我。一共四點了，但是……

提問者：謝謝。

對愛人應該抱持什麼樣的期待？

提問者：謝謝。我很高興能有這個探索振動頻率的機會。我眞的很需要。我看了很多你們討論的關係，重點在於，不要爲了滿足需要而彼此依賴。這點我懂。

亞伯拉罕：因爲滿足別人的需要並不是他們的本分，所以如果你有這樣的期待，那麼伴侶每次都會讓你失望。

提問者：對，我明白，尤其是在一開始的時候。剛開始是兩人的情緒需求，靠他人讓自己變得完整，諸如此類的，因爲有好幾年的時間，我都改變不了那種看法。還有你們也說了，很多人會把承諾和期待變成行動的前提，說什麼「至死方休」或「赴湯蹈火在所不辭」。嗯……

亞伯拉罕：錯誤前提、錯誤前提、全是錯誤前提。

提問者：你們說的話，我一定言聽計從……

亞伯拉罕：我們還沒講完呢。

提問者：你們說那些東西太僵化，太不符合實際了。果然沒錯。

亞伯拉罕：因爲那些東西的基礎就是錯誤的前提。我們眞的很想講得更透澈一點。事物的根基已經腐敗，就不能當作起點……行不通的，付出的創意根本不值得。

提問者：看來今天講的都是錯誤前提。但有時候你們在描述這股動力時，感覺很像你們要說……或許也包含了對一夫一妻制的期待。或許也期待某人在你遇到困難時給你支持。可能還有其他的期待。所以我的問題是：在符合實際、不太僵化的關係中，我們應該對彼此有所期待嗎？

亞伯拉罕：好的，要注意了。當然，你最好能篩選所有的選擇，找出自己的喜好。比較怪的是，挑選了某個人，又要求他符合你的喜好，而不是把你的喜好放在振動實相中，讓吸引力法則聚合一切，然後你就能收割自己耕耘的成果。這是很不一樣的事。也就是說，你當然有機會挑肥揀瘦。你可以按著清楚的定義，選擇讓你開心的種種。整個過程會感覺棒透了。但不要要求現在那個人變成所有這一切。這就是弔詭的地方。

讓你的振動暫存區滲透各處，盡全力把所有的注意力都放在這裡，好讓自己的振動頻率符合振動暫存區。然後，當吸引力法則把所有的東西聚合在一起並帶到你面前，因爲你的頻率相符，沒有任何需要改正的地方。

不過你剛才說的比較像是：你篩選過資料，決定自己想要什麼，但你卻不努力讓自己的樣子符合你想要的東西。你注意到自己擁有什麼。把注意力放在你擁有的東西上，你的振動頻率就不符合你想要的東西。現在你說：「我無法約束自己去看我想要什麼；我正在看我擁有的東西。所以我想，你需要改變以符合我所有的期待。如果你做得到，我就會變得完整。」這麼想也很怪。

不要要求幫助你找到你想要什麼的人去變成你想要的樣子，好讓你擁有你想要的東西。（喚，說得眞好。）相反的，讓他們成爲第一個步驟（提出要求）的一部分。用你的意志力和決心，把注意力放在你想要的東西上，宇宙就會把這些東西送到你眼前。

很多人的想法來自錯誤的前提，他們說：「如果你能做那些行爲，我就會更快樂；如果你不夠愛我，不願意去嘗試，那我就會生氣。」如果其他人也能說實話，他們會說：「嘿，我沒有義務變成你想要的樣子。我讓你清楚看到你想要的東西。現在你明白你要什麼，但你難道沒發現我不算在內嗎？不要強迫我變成那樣。把注意力放在你想要的東西上，那東西就會來到眼前，不要再強迫我了！」

「不，我要你變成那樣。你激起我的願望，如果你沒讓我成長，我就不會碰到這個問題了。所以，我會變成這樣，都是你的責任。」

以下的話值得你謹記在心：當你站在那裡，知道自己想要還沒來到眼前的東西，而你還沒學會怎麼望向自己想要的東西，反而到處尋找激發願望的事物，因爲缺乏焦點，你覺得無所適從；雖然你不知道，卻有種強大的傾向把你擁有的東西變成訓練振動頻率的催化劑。因此，你反覆思索這個想法，跟你想要的不一樣，但你卻一直想。因此，你發展出一種信念，或者也可說是長期的思考模式，讓你遠離自己想要的東西。

所以，最好的說法是，假設你跟某人的互動讓你想要這個東西。如果你能把全副注意力放在你想要的這個東西上，然後站在原地，宇宙就會把你要的東西送過來。由於你調整好自己的振動頻率，你想要而原本得不到的東西就會變成你的，如果不能實現，就不符合邏輯。

你也提到了一夫一妻制。如果你想要這樣的制度，你互動的對象卻不要，或者兩人的喜好相反（其實也一樣……你想要，但是伴侶不要），你把注意力放在你想要的東西和你想要的理由上，宇宙就得把你想要的帶給你。但如果你注意別人想要的東西，也就是你不想要的東西，雖然不是有心，你也會把振動頻率訓練成符合你不想要的東西，然後就得不到你想要的。你一直以爲這是另一個人的錯，但只有在振動頻率中活躍的想法，才會來到你眼前。

這只是另外一個說法，你必須讓別人脫離困境，你必須把注意力放在你想要的東西上，發展出謹愼的思考模式。不要再要求別人給你你想要的東西，你是唯一使得上力的人，只要你讓振動頻率符合你想要的；然後，宇宙在一眨眼之間就會把你想要的送到你面前。當願望實現時，你就能享受自己的生活，也讓別人享受他們的生活。然後你就能讓世界上的每一個人享受自己的意願，因爲你再也不會受到阻礙，再也不會得不到自己想要的東西。不可能的，不過有時候你還是會擔心。

這很像我們以前說過把辣醬倒在派裡的故事：「廚房裡有瓶塔巴斯可辣醬，我知道辣醬會跑到我的派裡。」

辣醬不會跑到你的派裡。

「嗯，但是辣醬在廚房裡，它可能會跑到我的派裡。」

辣醬不會跑到你的派裡。

「但是辣醬在廚房裡，可能會跑到我的派裡，如果辣醬不在廚房裡，我就不會那麼擔心了。把辣醬從廚房裡拿出來，它就不會跑到我的派裡。噢，你看，我的派裡有辣醬。我就說吧。我早就告訴你了。我說辣醬在廚房裡，它可能會跑到我的派裡。」

我們說，辣醬不可能因爲在廚房裡就跑到你的派裡。你的派裡有辣醬，是因爲你一直把注意力放在辣醬上。你一直提到辣醬，讓辣醬的振動頻率啓動了，所以辣醬才會跑到你的派裡。

別人想要什麼其實沒關係，有關係的是你認爲他們想要什麼。所以，如果你能一直看著你想要的東西，不去管其他的東西，宇宙就會帶來你想要的，就在你現在的位置，實際的證明早就超過你相信的程度。

通常，你可以從生命中已有的元素，得到你想要的東西。你不需要轉換位置；你只要慢慢地定義出全新的振動頻率。

你的期望和你所見之物之間的關係，就是你唯一能察覺到的事物。（我們只想要建立這個前提。）很好。

提問者：好，謝謝你。

亞伯拉罕：不客氣。

星期天的終曲

亞伯拉罕：我們很享受跟你們的互動，感覺難以言喻。你們是領先的創造者，我們已經來到前人尚未留下足跡的地方。想想未來的事，眞的很令人振奮，而感受到和諧，也就是今日在你們許多人心中達致的振動一致，令人覺得很滿足。

我們提出來的一個方式非常有效：放棄錯誤前提，用根據吸引力法則的前提取代錯誤的前提。我們在這裡要告訴你們最後一點：每個人都太小題大作了。事實上並沒有那麼困難。保持輕鬆，對自己好一點。做一些讓你覺得有趣的事情。尋找能讓你感到撫慰的事物，自在地進入那個地方（你的能量渦），所有你想要的事物，早就匯聚在那裡了。

那裡有許多的愛等著你。我們永遠不夠完整，要繼續在幸福中追求。

22個錯誤前提

1.我不是有形，就是無形；不是活著，就是死去。

2.父母比我早出生好幾年，既然他們是我的父母，他們比我更明白什麼對我好，什麼對我不好。

3.如果我盡力抵擋我不想要的東西，它們就會消失無蹤。

4.我來到這個世界上，是為了用對的方式過生活，同時影響其他人採取和我一樣的生活方式。我覺得對的事，必定是所有人都該遵循的方式。

5.我的年紀比你大，所以我比你聰明，因此你要聽我的話。

6.誕生進入有形的身體之後，我是誰就已經決定了。身為微不足道的人，我必須面對辛苦的生活，目的是為了提高個人的價值。

7.只要夠努力，夠認真，什麼都能做得到。

8.想要享有和諧的關係，我們必須擁有一致的願望和信念。

9.想要得到喜悅，必須透過行動。當我覺得不開心時，採取行動，才能有更好的感覺。

10.我無法獲得我想要的所有東西，所以我得放棄一些對我來說重要的東西，才能得到其他的東西。

11. 如果能離開不想要的環境，就能找到想要的地方。

12. 資源有限，欲望無窮。

13. 我們應該找出一個大家都認同的正確生活方式，然後強制實行這個方式。

14. 有個萬能的天神存在，祂衡量過所有的事物後，就萬事萬物做出正確的最終結論。

15. 當你仍在有形的身體中，你無法得知實際行為會帶來什麼樣的獎賞或懲罰。在身體死亡後，你才會看到那些獎賞或懲罰。

16. 了解過去和現在地球上的生命所展現出來的生活方式，以及其結果，我們就能有效地分出絕對的對錯。

17. 只有特定的人，好比我們的團體領袖，才能從神那邊接收到正確的訊息。其他的訊息使者接收到的訊息都是不正確的。

18. 找出人們不想要的事物，我們就可以消除它們。沒有了這些東西，我們會更加自由。

19. 一段良好的關係，就是置身其中的兩個人都希望彼此意見一致且和諧共處。

20. 把注意力放在有形的事物上，會削弱心靈的能量。

21. 為人父母，我必須知道所有的解答，才能把這些答案教給我的小孩。

22. 就算我批評成功的人，我還是可以達到成功。

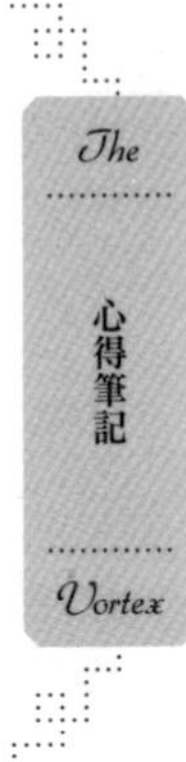
The
心得筆記
Vortex

國家圖書館出版品預行編目資料

吸引力漩渦
伊絲特・希克斯＆傑瑞・希克斯（Esther and Jerry Hicks）著 嚴麗娟 譯
初版. -- 臺北市：商周出版：家庭傳媒城邦分公司發行
2020.08 面； 公分
譯自：The Vortex: Where the Law of Attraction Assembles All Cooperative Relationships
ISBN 978-986-120-190-0（平裝）

1. 人際關係 2. 靈修

177.3 99011999

吸引力漩渦

原文書名／The Vortex
作　　者／伊絲特・希克斯＆傑瑞・希克斯Esther and Jerry Hicks
譯　　者／嚴麗娟
責任編輯／陳玳妮
版　　權／黃淑敏、劉鎔慈

行銷業務／周丹蘋、黃崇華
總 編 輯／楊如玉
總 經 理／彭之琬
事業群總經理／黃淑貞
發 行 人／何飛鵬
法律顧問／元禾法律事務所 王子文律師
出　　版／商周出版　城邦文化事業股份有限公司
115 台北市南港區昆陽街 16 號 4 樓
電話：(02) 25007008　傳眞：(02)25007759
E-mail：bwp.service@cite.com.tw
Blog：http://bwp25007008.pixnet.net/blog
發　　行／英屬蓋曼群島商家庭傳媒股份有限公司城邦分公司
115 台北市南港區昆陽街 16 號 8 樓
書虫客服服務專線：(02)25007718；(02)25007719
服務時間：週一至週五上午 09:30-12:00；下午 13:30-17:00
24 小時傳眞專線：(02)25001990；(02)25001991
劃撥帳號：19863813；戶名：書虫股份有限公司
讀者服務信箱：service@readingclub.com.tw
歡迎光臨城邦讀書花園　網址：www.cite.com.tw
香港發行所／城邦（香港）出版集團有限公司
香港九龍土瓜灣土瓜灣道 86 號順聯工業大廈 6 樓 A 室
E-mail：hkcite@biznetvigator.com
電話：(852) 25086231　傳眞：(852) 25789337
馬新發行所／城邦（馬新）出版集團【Cite (M) Sdn. Bhd.】
41, Jalan Radin Anum, Bandar Baru Sri Petaling,
57000 Kuala Lumpur, Malaysia.
Tel: (603) 90563833 Fax: (603) 90576622
Email: services@cite.my

封　　面／萬勝安
排　　版／極翔企業有限公司
印　　刷／韋懋實業有限公司
經 銷 商／聯合發行股份有限公司
電話：(02)2917-8022　傳眞：(02)2911-0053
地址：新北市 231 新店區寶橋路 235 巷 6 弄 6 號 2 樓

■ 2010 年 8 月 05 日初版
■ 2024 年 9 月 12 日二版 5 刷

Printed in Taiwan

定價 320 元

城邦讀書花園
www.cite.com.tw

 ISBN 978-986-120-190-0

廣　告　回
北區郵政管理登
台北廣字第0007
郵資已付，免貼

115　台北市南港區昆陽街16號8樓

英屬蓋曼群島商家庭傳媒股份有限公司　城邦分公

請沿虛線對摺，謝謝！

書號： BX1044X	**書名：**吸引力漩渦	**編碼：**

請於此處用膠水黏貼

讀者回函卡

不定期好禮相贈！
立即加入：商周出版
Facebook 粉絲團

感謝您購買我們出版的書籍！請費心填寫此回函卡，我們將不定期寄上城邦集團最新的出版訊息。

姓名：________________ 性別：☐男 ☐女

生日：西元________年________月________日

地址：________________

聯絡電話：________________ 傳真：________________

E-mail ：

學歷：☐ 1. 小學 ☐ 2. 國中 ☐ 3. 高中 ☐ 4. 大學 ☐ 5. 研究所以上

職業：☐ 1. 學生 ☐ 2. 軍公教 ☐ 3. 服務 ☐ 4. 金融 ☐ 5. 製造 ☐ 6. 資訊
☐ 7. 傳播 ☐ 8. 自由業 ☐ 9. 農漁牧 ☐ 10. 家管 ☐ 11. 退休
☐ 12. 其他________________

您從何種方式得知本書消息？

☐ 1. 書店 ☐ 2. 網路 ☐ 3. 報紙 ☐ 4. 雜誌 ☐ 5. 廣播 ☐ 6. 電視
☐ 7. 親友推薦 ☐ 8. 其他________________

您通常以何種方式購書？

☐ 1. 書店 ☐ 2. 網路 ☐ 3. 傳真訂購 ☐ 4. 郵局劃撥 ☐ 5. 其他________

您喜歡閱讀那些類別的書籍？

☐ 1. 財經商業 ☐ 2. 自然科學 ☐ 3. 歷史 ☐ 4. 法律 ☐ 5. 文學
☐ 6. 休閒旅遊 ☐ 7. 小說 ☐ 8. 人物傳記 ☐ 9. 生活、勵志 ☐ 10. 其他

對我們的建議：________________

____

____

【為提供訂購、行銷、客戶管理或其他合於營業登記項目或章程所定業務之目的，城邦出版人集團（即英屬蓋曼群島商家庭傳媒（股）公司城邦分公司、城邦文化事業（股）公司），於本集團之營運期間及地區內，將以電郵、傳真、電話、簡訊、郵寄或其他公告方式利用您提供之資料（資料類別：C001、C002、C003、C011 等）。利用對象除本集團外，亦可能包括相關服務的協力機構。如您有依個資法第三條或其他需服務之處，得致電本公司客服中心電話 02-25007718 請求協助。相關資料如為非必要項目，不提供亦不影響您的權益。】

1.C001 辨識個人者：如消費者之姓名、地址、電話、電子郵件等資訊。
2.C002 辨識財務者：如信用卡或轉帳帳戶資訊。
3.C003 政府資料中之辨識者：如身分證字號或護照號碼（外國人）。
4.C011 個人描述：如性別、國籍、出生年月日。

請於此處用膠水黏貼